MARCO POLO

# TESSIN

Reisen mit **Insider Tipps**



Was mich am Tessin reizt? Die Schönheit der Natur, der Täler, der Seen, das milde Klima, die italienische Küche, ein guter Merlot. Man lebt im Süden und doch mitten in Europa.

*MARCO POLO Korrespondentin*
*Myrte Müller*

*(siehe S. 127)*

**Spezielle News, Lesermeinungen und Angebote zu Tessin:**
**www.marcopolo.de/tessin**

# TESSIN

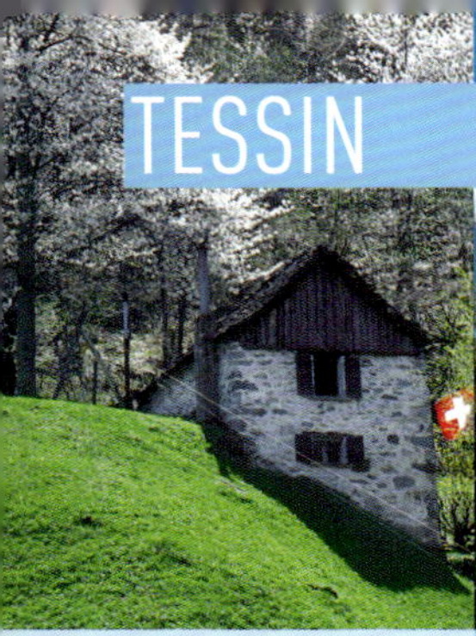

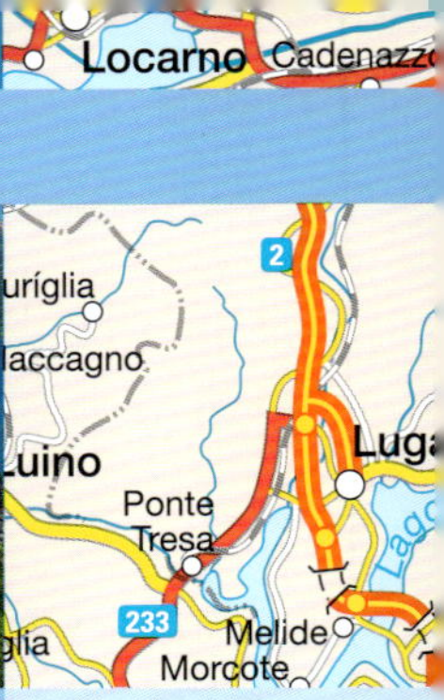


## > SYMBOLE

Insider Tipp **MARCO POLO INSIDER-TIPPS**
Von unseren Autoren für Sie entdeckt

★ **MARCO POLO HIGHLIGHTS**
Alles, was Sie im Tessin kennen sollten

**SCHÖNE AUSSICHT**

**WLAN-HOTSPOT**

**HIER TRIFFT SICH DIE SZENE**

## > PREISKATEGORIEN

**HOTELS**

€€€ über 100 Euro
€€ 70–100 Euro
€ unter 70 Euro

Die Preise verstehen sich pro Nacht für zwei Personen im Doppelzimmer ohne Frühstück in der Hochsaison

**RESTAURANTS**

€€€ über 35 Euro
€€ 18–35 Euro
€ unter 18 Euro

Preise für ein durchschnittliches Menü mit Getränk, aber ohne Flaschenwein

## > KARTEN

[112 A1] Seitenzahlen und Koordinaten für den Reiseatlas Tessin

Karten zu Bellinzona, Locarno und Lugano finden Sie im hinteren Umschlag

Zu Ihrer Orientierung sind auch die Orte mit Koordinaten versehen, die nicht im Reiseatlas eingetragen sind

# INHALT

## > SZENE

S. 12–15: Trends, Entdeckungen, Hotspots! Was wann wo im Tessin los ist, verrät der MARCO POLO Szeneautor vor Ort

## > 24 STUNDEN

S. 92/93 Action pur und einmalige Erlebnisse in 24 Stunden! MARCO POLO hat für Sie einen außergewöhnlichen Tag im Tessin zusammengestellt

## > LOW BUDGET

Viel erleben für wenig Geld! Wo Sie zu kleinen Preisen etwas Besonderes genießen und tolle Schnäppchen machen können:



## > GUT ZU WISSEN



**AUF DEM TITEL**

# ENTDECKEN SIE DAS TESSIN!

## Unsere Top 15 führen Sie an die traumhaftesten Orte und zu den spannendsten Sehenswürdigkeiten

*Die Highlights sind in der Karte auf dem hinteren Umschlag eingetragen*

**1 Rabadan**
Es muss nicht immer Rio oder Venedig sein: Tessiner Lebensfreude im frenetischen Rhythmus des Bellinzoneser Karnevals (Seite 22)

**2 Festival Internazionale del Film**
Zehn Tage lang im August wird Punkt 21.30 Uhr die Piazza Grande in Locarno zum einzigartigen Open-Air-Kino (Seite 23)

**3 Burgen**
Mächtige, elegante Zeugen der Vergangenheit in Bellinzona (Seite 32)

**4 San Carlo**
Ein grandioser Kulturschatz im abgelegenen Dorf Negrentino im Bleniotal (Seite 36)

**5 Sankt-Gotthard-Pass**
Der wichtigste Weg von Norden nach Süden, ein schweizerischer Mythos (Seite 41)

**6 Monte Verità**
Mythischer Hügel bei Ascona mit großer Anziehungskraft für Lebenskünstler (Seite 44)

**7 Brissagoinseln**
Zwei Perlen im Lago Maggiore, Schönheiten ohne Verfallsdatum (Seite 47)

**8 San Giovanni Battista**
Mario Bottas architektonische Hymne an die unzähmbaren Kräfte des Bergs bei Fusio im Maggiatal (Seite 57)

# > DIE BESTEN MARCO POLO HIGHLIGHTS

**9 Flussbaden und Tauchen**
Das ist ein echtes Muss bei jedem sommerlichen Tessinaufenthalt: die prickelnde Erfrischung in einem der rauschenden Gebirgsbäche, am schönsten zwischen den zu skurrilen Gebilden ausgewaschenen Felsformationen der Verzasca (Seite 63)

**10 Piazza della Riforma**
Der Salon von Lugano, ein Freilichttheater der Italianità (Seite 70)

**11 Parco Scherrer**
Exotik in diesem wunderbaren Schatzkästchen des Dorfs Morcote am Luganer See: Staunen Sie über botanische und architektonische Kuriositäten (Seite 75)

**12 Via alle Cantine**
Grottogemütlichkeit mit herber Echtheitsgarantie in Mendrisio (Seite 80)

**13 Monte Generoso**
Der großzügige Bergzacken mit grandiosem Blick nach Bella Italia (Seite 82)

**14 Muggiotal**
Augenweiden im südlichsten Tal der Schweiz oberhalb von Chiasso (Seite 83)

**15 Traversata**
Die klassische Gratwanderung im Malcantone mit majestätischer Aussicht: vom Monte Lema auf den Monte Tamaro (Seite 96)

# WAS FÜR EINE REGION!

Gambarogno am Nordostufer des Lago Maggiore

# AUFTAKT

➤ Italienisches Flair, mediterranes Klima, subtropische Vegetation, smaragdfarbene Flussbecken mit vom klaren Bergwasser glatt geschliffenen Felsen, ideal zum Sonnenbaden: Dieses italienische Stück Schweiz südlich des Gotthards fasziniert Besucher heute so sehr wie vor 50 oder 100 Jahren. Nirgends in der Schweiz scheint die Sonne so viel (2300 Stunden) wie im Tessin, wo sogar Palmen, Orangen und Oleander gedeihen. Dazu bietet die Ferienregion Festivals von Weltrang und zahlreiche Sportangebote. Und in Grotti – den urigen Bergtavernen –, coolen Lounges oder Osterien am See stellt sich Urlaubsstimmung wie von selbst ein.

**> Kamelien, die in der Januarsonne blühen, wenn der Norden in Frost und Nebel erstarrt; laue Sommerabende am Steintisch im Grotto bei einem Glas Rotwein; der schlichte Charme uralter Kirchtürme inmitten eines Dorfs aus gedrungenen Steinhäusern; die tiefe Ruhe der Kastanienwälder im warmen Licht der Herbstsonne: Das Tessin steckt voller Bilder, die in den Herzen des Nordens die Sehnsucht nach dem Süden wecken – selbst wenn alle wissen, dass es auch hier schneit, regnet, stürmt, blitzt, donnert, oft sogar heftiger als anderswo.**

Doch die eindringliche Kombination von Gegensätzen – Palmen vor schneebedeckten Bergspitzen, mediterranes Klima in schroffen Bergtälern, italienische Emotionalität inmitten schweizerischen Ordnungssinns – lässt niemanden kalt. Von dieser Magie können auch Sie sich verzaubern lassen. Lassen Sie sich auf den kleinen Zipfel zwischen der Schweiz und Italien ein – es gibt einigen Grund dazu. Die bizarre Landschaft mit den herrlichen Wanderbergen und den Seen, Flüssen und Wildbächen zum Baden ist einer davon. Aber der Kanton hat seinen Besuchern noch mehr zu bieten: spektakuläre Werke seiner berühmten Architekten, den Thrill von Trendsportarten wie Mountainbiking, Climbing, Bouldering oder Canyoning, die kreative Energie seiner Spitzenköche.

Jahrhundertelang waren die südalpinen Täler bloß unangenehme Wegstrecken auf beschwerlichen Han-

## *> Palmen vor schneebedeckten Bergspitzen*

delsrouten. Erst als im 18. Jh. das Reisen unter europäischen Intellektuellen schick wird, ändert sich diese Wahrnehmung. Maler pilgern nach Italien und entdecken das Naturspektakel an der Südflanke des Gotthardmassivs. Ab dem Ende des 19. Jhs.

Die meistfotografierte Uferpromenade am Lago Maggiore: der Lungolago in Ascona

erobern Künstler, Aussteiger, Anarchisten und Träumer den Monte Verità und machen Ascona dadurch zu einem Anziehungspunkt für die deutschsprachige Kulturszene der damaligen Zeit: Hermann Hesse, Paul Klee, Max Frisch und Max Horkheimer – alle pilgern sie in die milde italienische Schweiz. Im Sog der Prominenz wandelt sich das Tessin vom Südbalkon der Elite zum Traumziel für Hunderttausende aus Deutschland und der Deutschschweiz; so sehr versprechen die Begriffe Ascona und Tessin in den Fünfziger- und Sechzigerjahren des 20. Jhs. ein irdisches Paradies, dass sogar ein Auto, der Opel „Ascona", nach ihnen benannt wird.

Doch die zunehmende Aufmerksamkeit bringt auch große Probleme: Die bis in die Mitte des 20. Jhs. rückständige Agrarregion wird in rasender Geschwindigkeit zum Dienstleistungsstandort umgebaut. Bei den Tessinern wecken die munter fließenden Devisen die Versuchung des schnellen Gelds. Sie verkaufen Häuser und Boden. Bauern werden über Nacht zu neureichen Immobilienmaklern und ziehen sich aus der Berglandwirtschaft zurück. Die in Jahrhunderten entstandene „Kultur des Steins" – in schwindelerregende Steilhänge gebaute Ackerterrassen oder mit riesigen Granitblöcken gedeckte Steinhütten – versinkt vielerorts binnen weniger Jahre unter unkontrolliert wuchernder Vegetation.

Konsterniert realisieren die Tessiner, wie sich die deutsche Sprache und Familiennamen wie Müller und Meier ausbreiten, wie der chaotische

**> Laue Sommerabende am Steintisch im Grotto**

Siedlungsbrei und himmelhohe Autobahnviadukte die Schönheit der Landschaft erbarmungslos zudecken. Selbst an der gestiegenen Nachfrage nach Gästebetten partizipieren die Tessiner nur bescheiden, denn viele Hotelbetriebe sind in Deutschschweizer Hand. Das Tessin fühlt sich fremdbestimmt – nicht zum ersten Mal in seiner Geschichte: Ab dem 16. Jh. waren die Tessiner für fast 300 Jahre Untertanen der Deutschschweiz. Das haben sie nie vergessen. Und schon zuvor, bereits ab dem 15. Jh., gehörte die Emigration zur typischen Tessiner Familiengeschichte. Während Jahrhunderten war genau die Landschaft, die heute als pittoreske und liebliche „Sonnenstube der Schweiz" erlebt wird, zu karg, um die Bevölke-

# WAS WAR WANN?

## Geschichtstabelle

**ab 15 v. Chr.** Die Römer bringen die südalpinen Täler unter ihre Kontrolle und beherrschen das Gebiet bis ins 5. Jh. Unter ihrer Ägide wird das Tessin christianisiert

**6.–8. Jh. n. Chr.** Die Langobarden erobern das Tessin. Später werden sie von den Franken verdrängt

**12. Jh.** Das Herzogtum Mailand dehnt seinen Einflussbereich bis ins Tessin aus. Die Sforza und Visconti hinterlassen dauerhafte architektonische Spuren

**1478** Schlacht bei Giornico: Die Eidgenossen schlagen die Mailänder

**1515** Die Eidgenossen werden in der Schlacht von Marignano gestoppt. Sie sichern sich das heutige Tessin und verwalten es als Untertanengebiet

**1798/1803** Napoleon gliedert die südalpinen Täler in die Helvetische Republik ein und schafft einen Bundesstaat mit 18 gleichberechtigten Kantonen. Gründung des modernen Cantone Ticino

**1878** Bellinzona wird Hauptstadt des Tessins

**1882** Der Eisenbahntunnel durch den Gotthard wird in Betrieb genommen

**1925** Deutschland, Frankreich und Großbritannien unterzeichnen den „Vertrag von Locarno" und konsolidieren damit den Frieden nach dem Ersten Weltkrieg

**1980** Der 17 km lange Straßentunnel durch den Gotthard wird eröffnet

**1996** Baubeginn des 57 km langen neuen Gotthardtunnels

**2017** Geplante Eröffnung des neuen Eisenbahntunnels unter dem Gotthard

rung zu ernähren. Zehntausende wanderten aus – vorübergehend oder für immer –, in die USA, nach Argentinien, nach Australien.

Nicht zuletzt deshalb ist die Tessiner Gesellschaft eine faszinierende Mischung aus trotziger Abwehrhaltung und unschweizerisch frecher Öffnung. Obwohl die Scheidungsrate auch im Tessin mitteleuropäische Ziffern erreicht, hält sich die *famiglia* eisern als zentraler sozialer Bezugspunkt. Das sonntägliche Treffen von Kindern und Enkeln am Esstisch der *mamma* gehört nach wie vor zum Standard. Auffallend häufig ziehen erwachsene Kinder, die selber Geld verdienen, erst zu Hause aus, wenn sie heiraten oder in fester Partnerschaft leben. Moderne urbane Lebensformen wie Singlehaushalte oder Wohngemeinschaften gibt es vergleichsweise selten.

Das Tessin ist zugleich auch ein nach wie vor ländlich geprägter Kanton: Man kennt sich, Söhne und Töchter treten beruflich oft in die Fußstapfen der Väter. Schwer tun sich Querdenker und Außenseiter: Wer nicht über Geld, Protektion oder den richtigen Familiennamen verfügt, tritt gesellschaftlich schnell im Leeren.

Nach Italien dagegen öffnet man sich im Tessin leichter als gegenüber dem bisweilen als überheblich empfundenen großen Bruder im Norden. Die Offenheit und das Selbstbewusstsein, die das Verhältnis zu Italien lange prägten, lugen heute wieder hervor. Die Tessiner, viele mindestens zweisprachig, werden sich bewusst, dass sie zur interkulturellen Kommunikation, im modernen Europa und einer globalisierten Welt gefragt wie noch nie, prädestiniert sind. Langsam verlassen sie ihre rückwärtsgewandte Verschlossenheit und beginnen, ihre kulturelle Sonderstellung im schweizerischen Kontext als Stärke zu verstehen.

Der Ponte dei Salti überspannt bei Lavertezzo mit zwei kühnen Bogen die Verzasca

## > Das Tessin gewinnt ein dynamisches, junges Gesicht

Dass sich einzelne hoch qualifizierte Spezialbetriebe in Wachstumsbranchen wie Chemie, Pharmazie oder Elektronik durchsetzen, sind ermutigende wirtschaftliche Lichtblicke. Das Tessin, vor einigen Jahren noch als sonniges Altersheim für Deutsche und Deutschschweizer abgestempelt, gewinnt ein dynamisches, jugendliches Gesicht, das sich im lebendigen Alltag in den Tessiner Städten und zunehmend auch in den Tälern niederschlägt.

Es ist dieses Tessin, das die Tessiner Sängerin La Lupa, die in der Deutschschweiz mit authentischen Tessiner Liedern Erfolge feiert, in sich trägt: „Wir haben die Fähigkeit, uns lustig zu machen über andere und über uns selber. Das unterscheidet uns von Deutschschweizern.“ Und das zeigt: Das Tessin ist auch ein Lebensgefühl, ein Bekenntnis zu Gelassenheit und Großmut, ein Wegweiser zu Wärme und Nachsicht.

# TREND GUIDE TESSIN

Die heißesten Entdeckungen und Hotspots! Unser Szene-Scout zeigt Ihnen, was angesagt ist

**Luca d'Alessandro**
Der Kommunikationsfachmann aus Bern fährt alle paar Wochen ins Tessin, um dort die neuesten Trends zu erkunden. Er ist begeistert vom feinen Essen, den außergewöhnlichen Kunstausstellungen und der lebendigen Musikszene. Ein weiterer Grund, warum das Tessin für unseren Szene-Scout zur Lieblingsregion geworden ist, ist die Sonne, die dort immerzu scheint.

# ASPHALT SURFING

## Die Skateszene erwacht!

Nicht nur der Skatepark in Lugano hat sich mittlerweile zum festen Tourstopp amerikanischer Skateprofis entwickelt. Der Nachwuchs stellt sich auf das internationale Niveau der Szene ein. So auch Martino Cattaneo, der für sein Team der *Warriors* des Luganer Skateshops *The Joker Shop (Via Trevano 72, www.thejokershop.ch)* an den Start ging und auf Anhieb bei seinem ersten Contest den Schweizer Juniorentitel gewann. In den Skateparks von Ascona *(Siberia Skate Fun Park, Via San Materno)* und dem nagelneuen Outdoor-Skatepark in Giubiasco *(Via del Piano)* warten Miniramps, Funboxes und Kicker auf Asphalthelden. Highlight der Skatesaison ist der *Giòasteka Freeride Event (www.gioasteka.ch,* Foto*)* im August in Pian San Giacomo zwischen Bellinzona und San Bernardino, wenn im Stehen oder Sitzen auf dem Skate- oder Longboard die kurvenreiche Landschaft des Tessins durchquert wird.

# SZENE

## WELLNESS-ESSEN

### Von Feng-Shui bis Slow Food

„Du bist, was du isst": Dieses Motto schreiben sich immer mehr Tessiner Restaurants auf die Fahne. Auf den Teller kommen regionale Gerichte, die mit Heilkräutern und Produkten Marke Eigenanbau zum Wellness-Food werden. Christine Berger und Hans Gloor setzen mit ihrem Restaurant *Grütli (www.osteria-gruetli.ch)* in Camedo im Centovalli auf Slow Food. Vom Brot bis zum Pesto-Dressing stammt alles aus Eigenproduktion. Feng-Shui im Maggiatal bei *Da Enzo (Ponte Brolla):* Besitzer Enzo Andreatta richtet sein Restaurant-Idyll nach der chinesischen Energielehre aus. Seinen Feigenbäumen, Kakteen und Palmen werden heilende Kräfte nachgesagt. Den Spagat zwischen moderner Küche und traditionellen Produkten wagt auch der Küchenchef im *Albergo al Porto Ristorante (Piazza G. Motta, Ascona, www.alporto-hotel.ch,* Foto*)*.

## REINGEHÖRT!

### Psychedelischer Elektro

Chiasso hat sich zum Hauptquartier des Schweizer Undergrounds gemausert. Vorbote der Entwicklung ist *Gwendalyn:* ein Zusammenschluss von Musikinteressierten, der mit seiner eigenen Radioshow *Radio Gwendalyn (www.radiogwen.ch)* den psychedelischen Elektro gerade salonfähig macht. Außerdem veranstaltet das Konglomerat regelmäßig Jam-Sessions im musikalischen Knotenpunkt der Szene, dem *Murrayfield Pub (Via Favre 5, Chiasso, www.myspace.com/murrayfieldpubchiasso)*. Zu einer der vielversprechendsten Tessiner Newcomer-Bands zählen die Elektro-Rocker *Technicolors (www.myspace.com/wearetechnicolors,* Foto*)*, die übrigens beim Tessiner Indie-Label *On the Camper Records (www.onthecamper.com)* unter Vertrag sind.

# OPEN-AIR-ART

## Exponierte Kunst

Offene Räume, die dem Publikum leicht zugänglich sind, beeinflussen die Tessiner Architekten und Künstler. Berühmtestes Beispiel ist Architekt Peter Märkli, der sein Konzept von Freiluftausstellungsräumen mit *La Congiunta (www.lacongiunta.ch)* im Ort Giornico zum Leben erweckt hat. Das Museum wirkt wie eine Betonruine und besteht aus unterschiedlichen Quadern mit offenen Oberlichtern. Zu sehen sind u. a. die Skulpturen und Plastiken des Bildhauers Hans Josephson. Zur Ausstellung im Freien hat sich auch das *Parkhotel Delta (Via Delta 137–141, www.parkhoteldelta.ch)* in Ascona entschlossen. Unter dem Motto „Pietra e Acqua" zeigen Schweizer Bildhauer, darunter der Luganer Marzio Campana, Steinskulpturen in Verbindung mit Wasser. Auch Bildhauerin Petra Weiss verbindet mit ihren Arbeiten Kunst und Natur *(www.petraweiss.ch*, Foto*)*. Eine Bereicherung für den Garten der *Casa Ambica* sind die Steinskulpturen des Tessiner Künstlers Fausto Pozzi *(Gordevio, www.casa-ambica.ch)*.

# BAR TRIFFT PARTY

## Das zweite Wohnzimmer

Das Partyvolk will sich auch beim Feiern wohlfühlen. Abseits der durchdesignten Tanztempel ist die gemütliche Bar um die Ecke beliebter denn je. Das *Porta Ticinese (Via Codeborgo 12, Bellinzona, www.portaticinese.ch)* veranstaltet regelmäßig Musikevents, bei denen die Stimmung am Kochen ist. Im *Fun Café (Via Codeborgo 15, Bellinzona)* feiert die Szene gemütlich in historischer Altstadtkulisse. Auch in der *History Music Bar (Piazza Collegiata, Bellinzona)* trifft Tradition auf Moderne: In lässiger Wohnzimmeratmosphäre wird Musik zwischen Jazz, Blues und Elektro aufgelegt. Die Party kann beginnen.

## NACHTAKTIV

### After Dark – Vollmond-Events

Im Dunkeln lässt sich auch wunderbar Sport treiben. Das denken sich zumindest die Erfinder der Vollmondwanderungen auf den Monte Generoso *(www.montegeneroso.ch, www.wandernacht.ch,* Foto*).* Immer mehr Sportarten sind auf den Zug aufgesprungen. So geht es mit *Per Pedes Bergferien (www.ppb.ch)* auf Vollmond-Trekkingtour durch das Maggiatal und von Monte zu Monte. Für den perfekten Adrenalinstoß sorgt das Nacht-Bungeejumping bei Vollmond *(www.trekking.ch).*

## ABGEZAPFT!

### Das Comeback des Gerstensafts

Die Region steht auf außergewöhnliche Biere mit so klangvollen Namen wie Myrrhe-, Kornelkirsch- oder Mondscheinbier. Diese werden in der *La Birraria Mendrisio (San Martino, Via Penate 7, Mendrisio)* oder der *Birreria Bavarese (Viale Stazione 34, Bellinzona)* getrunken. Und die Brauereien lassen sich immer kreativere Biervariationen einfallen. Reis- und Kastanienbier sind z. B. die Spezialität der *Brauerei Appenzell (www.appenzellerbier.ch,* Foto*),* wobei natürlich die Zutaten aus dem Tessin kommen. So reift der Reis für das Reisbier bei Ascona auf dem nördlichsten Reisfeld Europas. Malz, Hopfen und Kastanien sind heimische Produkte für das Kastanienbier.

## FASHION 4 YOU

### Kreativschmiede

Fashion und Design gehen im Tessin Hand in Hand. Der Shootingstar der Szene ist die Designerin Rachel Corali Bernasconi *(www.fashionrachel.com)* aus Carabietta. Ihre exklusiven Abendroben sind dem großen Auftritt vorbehalten. Taschendesignerin Nathalie Bonalumi *(www.megacollection.ch)* ist berühmt für ihre Leinwand-Bags, die aus der Leinwand des Filmfests in Locarno gefertigt wurden. Jack Nicholson besitzt eine davon. Für regen Designernachwuchs sorgt die *Fachschule für Bekleidung und Mode (Via al Fiume 14, Viganello, www.sta.ti.ch)* in Lugano. Shopping-Tipp: Die besten Designer-Outfits gibts im *Monn (Piazza Dante 10, Lugano, www.monn.ch).*

# > VON DEN ARCHITEKTEN BIS ZUM RUSTICO

Notizen zu Kamelien und Kastanien, Eidechsen und dem Tessiner Licht

## ARCHITEKTEN UND BILDHAUER

Das moderne Tessin ist berühmt für seine brillanten Architekten. Schon vor 500 Jahren waren Baukünstler aus dem Raum zwischen Lugano und Como europaweit gefragt. Ab dem 15. Jh. wanderten Baumeister, Stuckateure und Steinmetzen aus dieser Gegend aus und begründeten als geniale Renaissance- und Barockbaumeister ein ruhmreiches Kapitel der Tessiner Emigration. Domenico Fontana (aus Melide), Carlo Maderno (aus Capolago) und vor allem Francesco Borromini (aus Bissone) schufen in Rom bleibende Werte – unter anderem am Petersdom. Domenico Trezzini (aus Astano) konzipierte im Auftrag des Zaren die Stadt St. Petersburg. Die sogenannten *maestri comacini,* die Meister aus dem Raum

Bild: Mario Bottas Kirche San Giovanni Battista in Mogno

# STICH WORTE

von Como, wurden zu einem Mythos der Tessiner Identität. Dass zeitgenössische Tessiner Architekten, deren schillerndster Vertreter Mario Botta (geboren 1943 in Mendrisio) von Tel Aviv bis San Francisco – und natürlich auch im Tessin – baut, zu den gefragtesten Köpfen ihrer Zunft zählen, wird als Fortsetzung der Tradition der *maestri comacini* verstanden.

Kaum verwunderlich, dass das „steinreiche" Tessin auch viele hervorragende Skulpteure hervorgebracht hat. Aus Ligornetto stammt der wohl bekannteste unter ihnen: Vincenzo Vela (1820–1891). Er schuf zahlreiche Marmorskulpturen, die die Doppelidentität der Tessiner zwischen Italien und der Schweiz ausdrücken. So modellierte Vela mythische helvetische Figuren wie den Schweizer Nationalhelden Wilhelm Tell, aber auch italienische Heroen wie Antonio Garibaldi.

## FAUNA

Am schnellsten werden Sie bestimmt mit den Eidechsen Bekanntschaft machen, die sich auf den warmen Steinen der Trockenmauern sonnen. Gut möglich ist auch, dass Ihnen ein Skorpion über den Weg krabbelt – sei es in der Badewanne oder hinter einem Büchergestell. Furcht ist indessen nicht angebracht: Wenn Sie nicht gerade barfuß auf das Tier treten, passiert Ihnen gar nichts – und selbst der Stachel am Schwanzende kann Ihnen nicht viel anhaben. Schon etwas mehr Vorsicht ist bei Begegnungen mit Schlangen geboten – im Tessin kommen zwei giftige Spezies vor: die Kreuzotter und die Juraviper. Zu Gesicht bekommt man sie jedoch nur ganz selten: Spüren sie die Erschütterungen von herannahenden Menschen, zischen sie von dannen. Nicht mehr zur Tessiner Fauna gehören die einst heimischen Bären. Doch Wölfe und Luchse kehren langsam über die italienische Grenze ins Tessin zurück. Seit einigen Jahren werden ein Wolf und ein Luchs im Livinental gesichtet. Eingewandert sind Hirsch, Reh und Wildschwein, die heute alle gejagt werden. Auch Kleinsäuger wie Siebenschläfer, verschiedene Mausarten und Fledermäuse bevölkern das Tessin. An den Seen hat sich – zum Leidwesen der Fischer – der Kormoran niedergelassen. Durch menschliches Zutun stark gewandelt hat sich die Wasserfauna: Der Felchen *(coregone),* erst vor einigen Jahrzehnten eingeführt, ist heute so heimisch, dass er zum typischen Tessiner Speisefisch avancierte. Autochthone Spezies wie der Aal, schon immer heimisch, aber in jüngerer Zeit fast verschwunden, werden heute wieder in den Seen angesiedelt.

## FLORA

Die aus Ostasien stammende Kamelie gilt als die Botschafterin des Tessiner Frühlings: Sie beginnt unten an

## > DER TESSIN UND DAS TESSIN

### Der Fluss gab dem Kanton seinen Namen

*Der* Tessin ist der Fluss. *Das* Tessin ist der Kanton, der von ihm den Namen hat. Italienisch heißt beides Il Ticino. Der Tessin entspringt am Nufenenpass hoch im Tessiner Norden und mündet beim Ort Magadino, dem tiefsten Punkt des Tessins (193 m), in den Lago Maggiore. Seinen Namen behält der Fluss auch in Sesto Calende in Italien bei, wo er wieder aus dem See fließt. Sein Weg führt in die Region von Pavia, wo er in den Po mündet. Das Tessin ist einer von 26 Kantonen der Schweiz, mit einer Fläche von gut 2800 km$^2$ der fünftgrößte. Die Bevölkerungszahl beträgt 306 000. Amtssprache ist Italienisch, wobei Einheimische untereinander oft Dialekte sprechen. Das Tessin ist nicht deckungsgleich mit der italienischen Schweiz – zu Letzterer gehören auch noch vier italienischsprachige Täler im angrenzenden Graubünden. Jede vierte im Tessin lebende Person stammt aus dem Ausland, die meisten aus Italien.

den Seen oft schon zu blühen, wenn in den Bergtälern noch tiefer Winter herrscht. Die Kamelien – und mit ihnen natürlich das Südsymbol schlechthin, die Palmen – sind aber auch aus einem anderen Grund charakteristische Beispiele für die Tessiner Pflanzenwelt: Sie sind aus südlicheren Gefilden importiert und dank dem milden Klima problemlos heimisch geworden, genauso wie etwa Feigen-, Mandel-, Aprikosen-, Kaki- und Kiwibäume. Das Tessin ist ein botanischer Schmelztiegel aus Vertretern unterschiedlicher Vegetationszonen, die bis zu Pflanzen subtropischer Herkunft reichen. Wichtige Impulsgeber für die barock anmutende Pflanzenpracht des Kantons sind die zahlreichen botanischen Gärten an den Seen. Sie begünstigen die Ansiedlung hier an sich nicht ansässiger immergrüner Pflanzenarten – unterstützt von der Klimaerwärmung, die sich im Tessin durch die sinkende Anzahl von Frosttagen manifestiert.

## KASTANIEN

Kastanienwälder bilden die typische Landschaft der südalpinen Täler. Sie sind gleichzeitig Zeugen einer traditionellen Agrarkultur, die heute fast vergessen ist. Die Römer haben die Kastanie vor rund 2000 Jahren ins Tessin importiert. *Il castagno* hat die heimischen Birken und Eichen verdrängt und ist zur Tessiner Kulturpflanze schlechthin geworden. Während Jahrhunderten war das „Brot der Armen", wie die Kastanie bezeichnet wurde, die Existenzgrundlage vieler Tessiner – in der kalten Jahreszeit ernährten sich die oft hungerleidenden Bauernfamilien in den Tälern praktisch ausschließlich von Edelkastanien. Die häufig auf terrassiertem Gelände angelegten Kastanienwälder

Dem einstigen Tessiner Grundnahrungsmittel ist heute ein Wanderweg gewidmet

wurden so aufwendig gepflegt wie heute Weinberge. Neben Früchten, Honig, Pilzen sowie Brenn- und Bauholz lieferten die Kastanienwälder auch Tannin zum Gerben von Tierhäuten. Für die verschiedenen Bedürfnisse züchteten die Tessiner über 100 Sorten. Mit der Einführung von Mais und Kartoffeln im 19. Jh. veränderten sich die Ernährungsgewohnheiten, die Kastanie verlor ihre Wertschätzung. Heute sind die Kastanienwälder zwar immer noch schön, aber verwildert. Erst langsam beginnt man sich des Erbes zu besinnen und sammelt wieder vermehrt Kastanien. Ein lohnender Ausflug in die faszinierende Welt der Kastanie ist der Kastanienweg ab dem Ort Arosio im Malcantone. Eine deutschsprachige Broschüre hält der Verkehrsverein in Caslano bereit.

## KLIMA

Das Tessiner Klima streift mit seinen Extravaganzen sämtliche Extreme: Helles Licht kann schnell dunklem Schatten weichen. *La luce,* das Licht – das ist für viele das Tessin: Es macht den Himmel blauer, die Formen schärfer als anderswo. Die Sonne scheint auch deutlich länger als in Zürich, Stuttgart oder Mailand: langjährigen Statistiken zufolge rund 2300 Stunden jährlich. Die mittlere Jahrestemperatur beträgt über elf Grad. Der Schutz der hohen Alpenkette ermöglicht diese günstigen Klimabedingungen: Schlechtwetterfronten regnen sich meist an der Nordseite des Massivs ab, und trockene Fallwinde heizen das Tessin zum Treibhaus auf. Doch es kann auch ganz anders sein: In den Wintermonaten gibt es ausgerechnet in der „Sonnenstube" viele Dörfer, die hinter den hohen Bergen von der tiefer stehenden Sonne gar nichts mehr abbekommen. Und wenn es regnet, dann richtig: Durchschnittlich fällt im Tessin doppelt bis dreimal so viel Regen wie in der Deutschschweiz oder in Deutschland – aber an deutlich weniger Tagen. Wenn der Tessiner Himmel seine Schleusen öffnet, dann wird es häufig ernst: Die unzähligen tief eingeschnittenen, engen Täler lassen die friedlichen Flüsse bei starken Niederschlägen in wenigen Stunden zu reißenden Strömen anschwellen. Erdrutsche und umgestürzte Bäume gehören im Tessin nach Regengüssen zum Alltag. Mitunter kommt es auch zu großen Überschwemmungen wie im Herbst 2000, als der Lago Maggiore über die Ufer trat und Locarno tagelang unter Wasser setzte. Pikanterweise hat im Tessin selbst der Sonnenschein seine Schattenseiten: Die Ozonbelastung der Luft steigt vor allem im Mendrisiotto auf die höchsten Werte der Schweiz an.

## MUSIK

Lieder gehören zu den populärsten Tessiner Kulturgütern – melancholische, wenn sie von Armut und Auswanderung erzählen, fröhliche, wenn sie die Liebe besingen. Dieses von Generation zu Generation weitergegebene Volksgut stößt heute wieder auf Interesse – junge Tessiner Musikliebhaber machen sich bei alten Leuten auf die Suche nach dem wertvollen Schatz. Die Gruppe Vox Blenii, die oft im Tessin auftritt, repräsentiert diesen neuen Trend eindrücklich. Typische Tessiner Musikformationen sind die sogenannten *bandelle* (Bläsergruppe mit Bass- und Handharmonika) sowie die einzigartigen Mandolinenorchester. Daneben gibt es zahlreiche Chöre.

## RELIGION

Die Kirche spielt bis in den modernen Alltag eine tragende Rolle. 76 Prozent der Tessiner bezeichnen sich als Katholiken. Manifestationen tiefer Religiosität prägen die Tessiner Landschaft: Romanische, gotische und barocke Kirchen, teilweise mit wertvollen Fresken ausgestattet, finden sich noch in den abgelegensten Tälern, Marienstatuen wachen über gefährliche Bergwege, ausdrucksstarke Votivbilder danken für die Hilfe vom Himmel. Religiöse Traditionen werden bis heute gelebt – wie u. a. die berühmten Osterprozessionen in Mendrisio eindrucksvoll bezeugen. Katholische Ethik wirkt auch in den Alltag hinein: Homosexuelle beispielsweise leben im Tessin ausgegrenzter als nördlich der Alpen, und konservative katholische Bewegungen sind ein politischer Machtfaktor.

## RUSTICO

Der *rustico* ist eine Tessiner Institution von höchstem Symbolwert: So nennen die Tessiner ihre Ferienhäuschen. Es sind meist trocken gemauerte, einfach konstruierte Kleinbauten, die nach dem Rückzug der Landwirtschaft aus vielen abgelegenen Flächen im Tessin zu Zehntausenden vor sich hinbröckeln. Unzählige Nachfahren von Bauernfamilien, vor allem aber Tessinliebhaber aus der Deutschschweiz und Deutschland, haben ihre *rustici* zu Zweitresidenzen umgebaut – die einen respektvoll gegenüber der traditionellen bäuerlichen Baukultur in jahrelanger Kleinarbeit, die anderen grob mit ortsfremden Baumaterialien samt Satellitenschüssel.

Viel authentischer als in der sprichwörtlichen „Villa im Tessin" wohnt es sich im *rustico*

# KINO UNTERM STERNENHIMMEL

## Feuerwerk und Freiluftkino, Risottoessen und Eselsrennen: Die Lebenslust regiert

### OFFIZIELLE FEIERTAGE

**1. Jan.** *Capodanno;* **6. Jan.** *Epifania;* **19. März** *San Giuseppe;* **Lunedì di Pasqua** Ostermontag; **1. Mai** *Festa del Lavoro;* **Ascensione** Christi Himmelfahrt; **Lunedì di Pentecoste** Pfingstmontag; **Corpus Domini** Fronleichnam; **29. Juni** *Santi Pietro e Paolo;* **1. Aug.** *Festa Nazionale;* **15. Aug.** *Assunzione;* **1. Nov.** *Ognissanti;* **8. Dez.** *Immacolata Concezione;* **25./26. Dez.** *Natale/Santo Stefano*

### FESTE UND VERANSTALTUNGEN

**Februar**

*Carnevale* wird in Bellinzona, Chiasso und Tesserete mit Umzügen und ausgelassenen Festen gefeiert. Der farbenprächtige Umzug von König ★ Rabadan in Bellinzona ist eine Parade der Lebenslust. Zugleich gibt es während der Faschingszeit in zahlreichen Orten öffentliche Insider Tipp Risotto- oder Polentaessen. Vor allem in Ascona nimmt man gerne eine Warteschlange in Kauf, um direkt am See den schmackhaften Risotto mit den würzigen *luganighe,* den Tessiner Bratwürsten, gratis in Empfang zu nehmen.

**März**

Mitte/Ende März eröffnet die Kamelienschau das alljährliche *Kamelienfest* in Locarno. Mehr als 300 Kameliensorten werden ausgestellt, über 900 blühen im Kamelienpark an der Seepromenade. *San Giuseppe* (19. März): In zahlreichen Orten wird zum Tanz aufgespielt, überall werden *tortelli* (frittierte Mehlklöße) verkauft.

**März/April**

Die ★ *Osterprozessionen* von Mendrisio am Gründonnerstag und Karfreitag sind ein weltbekanntes Spektakel in der Altstadt von Mendrisio. Die Prozessionen finden nur statt, wenn es nicht regnet.

**Mai/Juni**

*Palio di Mendrisio:* Reiter in mittelalterlichen Kostümen versuchen ihre mitunter störrischen Esel vorwärtszubewegen. Insider Tipp *www.paliodimendrisio.ch*

***Aktuelle Events weltweit auf www.marcopolo.de/events***

# >EVENTS FESTE & MEHR

**Juni/Juli**

*Jazz Ascona New Orleans & Classics:* Direkt am See findet alljährlich ein Jazzfestival statt. *www.jazzascona.com*
Luganos ★ ▶▶ *Estival Jazz* bietet zum Nulltarif erstklassigen Sound aller Stilrichtungen unter dem Sternenhimmel auf Luganos Piazza della Riforma und in Mendrisio. *www.estivaljazz.ch*

**Juli**

★ ▶▶ *Moon & Stars:* zehntägiges Open-Air-Rockevent mit weltberühmten Musikern auf der Piazza Grande in Locarno. *www.moonandstarslocarno.ch*
Besinnlicher geht es beim *Orgelfestival* in Magadino mit internationalen Starorganisten zu. *www.organ-festival.ch*

**August**

Am 1. Aug. (Nationalfeiertag) gibt es an den Seen eindrucksvolle *Feuerwerke.*
Filmstars und Filmbegeisterte verwandeln Locarno für zehn Tage in eine Metropole: Lassen Sie sich das einmalige Ambiente im Freiluftkino mit der größten Leinwand Europas auf der Piazza Grande beim ★ ▶▶ *Festival Internazionale del Film* nicht entgehen! *www.pardo.ch*

**August–Oktober**

*Settimane Musicali:* Die Musikwochen in Ascona sind seit über 50 Jahren ein wichtiger Treffpunkt für Klassikfreunde. *www.settimane-musicali.ch*

**September/Oktober**

*Winzerfeste* in Bellinzona, Mendrisio, Lugano und Locarno-Monti.

**Oktober**

Auf zahlreichen Dorfplätzen werden Kastanien geröstet und verkauft: Die *Castagnata* ist ein Fest für Groß und Klein.

**Dezember**

*Weihnachtsmärkte* in Ascona, Locarno, Bellinzona und Lugano.
In Locarno lädt die Piazza Grande zum Winterzauber *Locarno on Ice* mit offener Eisbahn und gigantischem Christbaum.

# > PASTA UND POLENTA, MINESTRONE UND MERLOT

## Kulinarische Ausflüge in eine heute fast exotisch anmutende bäuerliche Vergangenheit

**> Die traditionelle Tessiner Kost eignet sich schlecht für die raffinierte Haute Cuisine. Während Jahrhunderten ernährte sich die mehrheitlich ländliche und arme Bevölkerung im kargen Tessiner Berggebiet von Kastanien, landläufig auch „Brot der Armen" genannt, die in aufwendig gehegten Wäldern geerntet wurden.**

Daneben kam auf den Tisch, was die Äcker hergaben: Hafer, Roggen, Hirse und Gemüse, dazu vielleicht noch etwas Käse – deftige Nahrung, die nicht zur Entwicklung einer feinen Gastronomie anregte. Die entscheidenden Impulse für die Tessiner Kochkunst kamen von Süden, aus der Lombardei. Aber die Tessiner Köche waren mehr als ihre italienischen Kollegen darauf bedacht, das ländliche kulinarische Erbe weiter zu pflegen – und haben damit die Tessiner Küche begründet.

Auf keinen Fall entgehen lassen dürfen Sie sich den Genuss einer

Bild: *Piatto ticinese*

# ESSEN & TRINKEN

herzhaften Polenta. Sie ist weit mehr, als die profane deutsche Bezeichnung Maisbrei vermuten lässt. Polenta, von der Konsistenz her mehr Kuchen als Brei, ist ein Stück Tessiner Kultur – und vor allem ein Werk geduldigen Rührens. Vor dem 19. Jh. wurde die Tessiner Polenta mit den einheimischen Feldfrüchten Hirse (im Nordtessin) oder Buchweizen (im Südtessin) angerührt und im letzteren Fall *polenta negra* („schwarzer Brei") genannt. Erst mit dem Import des *granoturco,* wie der Mais auf Italienisch heißt, wurde die Polenta zur heutigen Maisgrießspeise. Am besten schmeckt sie, wenn sie mehr als eine Stunde über offenem Feuer geköchelt wird – was allerdings immer seltener geschieht. Nahrhaft, wie sie ist, kann Polenta ohne Weiteres nur mit etwas Käse gegessen werden. Im Winter kann man sie auf Wochenmärkten portionsweise und heiß kaufen.

*Pasta* ist im Tessin wie in Italien in sämtlichen Formen erhältlich. Achten Sie darauf, dass Sie in einem Haus zu Tisch sitzen, das seine Teigwaren mit *produzione propria, produzione casalinga* oder *fatto in casa* bewirbt. Dann kommen Sie zu hausgemachten Frischprodukten.

Jede Mahlzeit wird im Tessin mit einem Kaffee abgeschlossen – keinesfalls mit einem Cappuccino, sondern mit jenem kleinen, starken *caffè,* der außerhalb des italienischen Sprachraums Espresso heißt. Im Tessin kommen Sie damit jedoch nicht weit: Ein schwarzer Espresso heißt

## > SPEZIALITÄTEN

### Genießen Sie die typische Tessiner Küche!

*amaretti* – mundgerechte Mandelbiskuits (Foto)
*brasato al merlot* – Rinderbraten in Rotweinsauce
*bülbora* – Kürbissuppe, auch *zuppa di zucca* genannt
*camoscio in salmì* – Gämspfeffer, nur zur Zeit der Jagd im Herbst auf den Speisekarten
*capretto* – gebratenes Zicklein, ein traditionelles Ostergericht
*cicitt* – traditionelle Ziegenfleischwürste
*coniglio arrosto* – gebackenes Kaninchen

*coregone in carpione* – Felchen (ein Süßwasserfisch) in Kräuteressigmarinade, kalt als Vorspeise serviert
*funghi sott'olio* – in Öl eingelegte Pilze
*gnocchi* – aus Kartoffeln oder Grieß und Mehl geformte Klößchen, serviert meist mit Salbeibutter *(al burro e salvia)* oder einer Tomatensauce
*minestrone* – Gemüsesuppe mit Getreide, Reis, Kartoffeln und Teigwaren
*oss da mort* – harte Mandelbiskuits
*ossibuchi in gremolata* – Kalbshaxen in Tomatenmarinade
*pan cöcc* – Brotsuppe
*ratafià* – Nusslikör aus in Grappa eingelegten Walnüssen, mit Zimt, Nelken und Vanille gewürzt
*risotto* – Als Tessiner Spezialität wird der Reis mit einem Glas Rotwein anstelle des Weißweins im klassischen Mailänder Rezept abgeschmeckt. Ein Genuss ist die in der Karnevalszeit auf vielen Tessiner Dorfplätzen gefeierte *risottata:* Da gibt es Unmengen erstklassigen Risotto samt den würzigen lokalen Grillwürsten *luganighe.*
*torta di pane* – Kuchen aus altbackenem Brot mit Eiern, *amaretti*-Keksen, Milch, Zucker, Butter, Pinienkernen, Sultaninen und einem Schuss Grappa
*tortelli di San Giuseppe* – in heißem Öl gebackene, süße Teigtaschen. Traditionelle Delikatesse am 19. März
*trota al forno* – im Ofen gebackene Forelle

hier *caffè liscio,* einer mit einem Schluck Milch *caffè macchiato.* Für die Verdauung empfiehlt sich ein *caffè corretto* – mit Grappa.

Und der Nachtisch? Auch da hat das Tessin eine Spezialität – neben der rustikalen *torta di pane* – zu bieten: den Panettone. Der wurde zwar in Mailand erfunden, aber die Tessiner Bäcker haben sich in den letzten Jahren dermaßen ins Zeug gelegt, dass sie zu Panettonevirtuosen avanciert sind. Der Weihnachtskuchen wird mittlerweile das ganze Jahr über produziert. Gehen Sie zu einem Bäcker und probieren einen aus seiner *produzione artigianale* (handwerklichen Produktion). Danach werden Sie nie mehr einen industriell gefertigten, mit Konservierungsmitteln versetzten Panettone kaufen.

Das Tessiner Lokal schlechthin ist das Grotto, ein einfaches Lokal, oft unter freiem Himmel. In den Grotti haben Sie am ehesten die Gewähr, auf typische, hausgemachte Gerichte zu stoßen. Gepflegt wird in den Grotti auch die Zwischenverpflegung, der *spuntino* – kosten Sie hier die typischen Tessiner Frischkäslein, die *formaggini,* mit einem Glas rotem *nostrano*-Wein oder den klassischen *piatto ticinese,* einen Teller mit Salami, rohem Schinken, Bündner Fleisch usw. Grotti waren ehedem schattig gelegene Felskeller zur Lagerung von Nahrungsmitteln. Später fügte man Vorplätze mit Steintischen an, wo abends oder am Wochenende Frischkäse, Salami und Wein aus eigener Produktion genossen wurden. Die Umwandlung in Freiluftlokale kam ab Ende des 19. Jhs. auf. Viele Charakteristika des traditionellen Grottos sind Kundenwünschen geopfert worden, vielerorts sind heute Pizzen und Bratwürste, manchmal gar Pommes frites zu haben. Es gehört zu den Widersprüchen der Tessiner Gegenwart, dass es heute vielfach die Touristen sind, die im Grotto das typisch Tessinerische suchen, dort aber oft kaum noch Tessiner antreffen.

Ein Granittisch im Schatten der weinberankten Pergola: Imbiss im Grotto

Der Weinbau ist aus der Tessiner Volkskultur ebenso wenig wegzudenken wie die Grotti. Das Qualitätszeichen „VITI" *(vini ticinesi)* bürgt für echten Tessiner Merlot. Knapp 4000 Weinbauern pflegen ihre Reben zumeist auf Miniparzellen, 98 Prozent von ihnen als Nebenerwerbswinzer. Heute bestehen mehr als vier Fünftel des Rebbestands aus Merlot.

# MODE, MÄRKTE UND DELIKATESSEN

## Ein süffiger Merlot, ein duftender Panettone: Die schönsten Tessinsouvenirs gehen durch den Magen

> Der Einkaufsbummel, und sei es nur der Wocheneinkauf für die Familie, wird in der romanischen Welt mit Lust zelebriert. Das Tessin macht da keine Ausnahme – Einkaufen ist ein soziales Ereignis. Die vier Shoppingspots im Tessin – Locarno, Lugano, Bellinzona und Ascona – sind Fundgruben, was exklusive und ausgefallene Geschäfte und Kunsthandwerker angeht. Allerdings: In den Einkaufsgassen dominiert die hohe und höchste Preisklasse. Amüsant ist der Bummel in den einschlägigen Adressen des Luxusshoppings aber auch, wenn man selber nicht über das Geld für einen Einkauf im großen Stil verfügt. Problemlos ist die Versorgung mit Gütern des täglichen Bedarfs. Allerdings verfügt längst nicht mehr jedes Dorf in den Bergtälern über einen eigenen Lebensmittelladen. In den größeren Gemeinden sind die schweizerischen Multis *Coop* und *Migros* vertreten, die inzwischen vermehrt auch lokale Produkte anbieten. Bei Locarno (Tenero), Lugano (Grancia) und Bellinzona (San Antonino) finden Sie große Einkaufszentren.

### DELIKATESSEN

Freude bereiten Sie sich und Ihren Freunden zu Hause, wenn Sie eine der zahlreichen Tessiner Delikatessen über den Gotthard entführen, etwa eine Flasche Rotwein oder Grappa – am besten einen genau aus Ihrer Urlaubsregion. Veritable Gaumenfreuden sind auch die *amaretti,* die kleinen, süßen Mandelkekse, und der Panettone, der luftige Hefekuchen. Der Dorfkern kleiner Talorte entpuppt sich oft als regelrechte Schatzkammer: Bergbauern verkaufen dort ihren eigenen Honig, ihren selbst gebrannten Grappa oder *nocino* (Nusslikör). Auf Bergstraßen und -pfaden wie z. B. auf dem Weg zum Naretpass am Ende des Maggiatals können Sie Käse direkt vom Sennen erwerben. Und immer mehr agrotouristische Betriebe verkaufen Produkte aus eigener Herstellung, darunter exotisch Anmutendes wie schwarzer Pfeffer, Kräuter, Gewürze und Wolle.

# > EINKAUFEN

## KERAMIK

Gut hinschauen müssen Sie, wenn Sie Tessiner Kunsthandwerk kaufen möchten. Die Comunità Artigiani della Svizzera Italiana, der Zusammenschluss der lokalen Kunsthandwerker, hat ein Gütesiegel geschaffen, das Echtheit und Qualität garantiert. Traditionelle Handwerkszweige, die der Tessiner Bauernkultur entstammen, sind Korbflechterei, Töpferei, Woll-, Leder-, Holz- und natürlich Steinverarbeitung.

## MÄRKTE

Die Tessiner Märkte gleichen Basaren, auf denen nicht nur alltägliche Lebensmittel angeboten werden, sondern auch Spezialitäten, Trödel und Antiquitäten aus den Tälern. Nicht zu vergessen: die großen *mercati* gleich hinter der italienischen Grenze: Die Märkte von Luino und Cannobio sind touristische Highlights – und entsprechend stark besucht.

## OUTLETCENTER

Fürs Modeshopping müssen Sie nicht gleich den Zug nach Mailand nehmen. Das *Foxtown* bei Mendrisio ist als Outlet mittlerweile so berühmt, dass Reisebusse aus der italienischen Modemetropole kauffreudige Japaner zum Shopping nach Mendrisio karren.

## TESSINSOUVENIRS

Mit den „typischen" Tessinsouvenirs ist es so eine Sache: *Boccalini* und *zoccoli*, tönerne Weinkrüglein und Holzschuhe, oft industriell gefertigt und kitschig bemalt, werden zwar überall angeboten – repräsentieren aber ganz und gar nicht das moderne Tessin. Mit einem schön geschliffenen Stein, selbst gesucht am Ufer eines Bergbachs, tragen Sie weit mehr Tessiner Ambiente nach Hause. Kleine Tessinpreziosen finden sich auch in so manchem Antiquariat (etwa in Ascona an der Piazza San Pietro): Bildbände und Literatur über die Region, die nicht mehr im normalen Buchhandel zu finden sind.

# > DIE UNSCHEINBAREN VORBOTEN DES SÜDENS

Die schroffe Leventina, das sonnige Bleniotal und die liebenswert bescheidene Hauptstadt Bellinzona

**> Felswände, Nadelbäume, stürmischer Wind – wenn man in Airolo im nördlichsten Tessin aus dem Autobahntunnel fährt, scheint der Süden noch fern. Das Tessin empfängt Reisende als eine Bergregion mit schroffen Zacken und engen Tälern.** Doch etwas ist bereits ganz anders: das Licht. *La luce* strahlt heller, stärker, intensiver als nördlich des Gotthards. Die Wahrnehmung der Reisenden beschränkt sich dabei allzu oft auf den Blick aus dem Autofenster – zu Unrecht: Das Nordtessin, an dem der Massentourismus vorbeifährt, hat eine raue, urtümliche Echtheit bewahrt und unzählige schöne Winkel, manchmal hoch oben und gut verborgen.

## BELLINZONA

KARTE IN DER HINTEREN UMSCHLAGKLAPPE

[118 A–B3] **Am Samstagmorgen pulsiert das Leben durch die unspektakuläre**

Bild: Airolo in der Valle Leventina

# NORD TESSINER TÄLER

**Hauptstadt des Kantons Tessin (231 m, 17 000 Ew.): *Tutta la città* trifft sich auf dem Wochenmarkt in den Gassen des historischen Zentrums am Fuß des zentralen Burgfelsens.** Bellinzona hat nichts vom touristischen Ambiente Locarnos oder vom mondänen Anstrich Luganos. Gerade darum ist es einen Besuch wert. Wer samstags zum Markt geht, entdeckt ein charmantes Städtchen – und kommt auch kulinarisch gut weg. Die Wirte im Zentrum servieren einen preisgünstigen Marktteller mit Tessiner Spezialitäten.

Wahrzeichen von Bellinzona sind die drei majestätisch auf Hügeln gebauten Burgen, zwischen denen sich die stark lombardisch geprägte Altstadt mit teilweise imposanten Patrizierhäusern entwickelte. *La turrita,* die „Stadt der Türme“, liegt an der strategisch wichtigen Verzweigung der beiden Alpenrouten über den Gotthard und den San Bernardino.

## SEHENSWERTES

### BURGEN ★

Mit seinen drei mittelalterlichen Burgen gehört Bellinzona zum Weltkulturerbe der Unesco. Bei gutem Wetter lohnt sich der Besuch schon der Aussicht wegen. Die höchstgelegene, *Sasso Corbaro (Ostern–Okt. Di–So 10–18 Uhr),* von der Mailänder Familie Sforza 1479 erbaut, erlaubt einen Blick weit hinunter auf den Lago Maggiore. Das *Castello Montebello (tgl. 8–20 Uhr),* erbaut im 14./15. Jh., beherbergt ein *archäologisches Museum.* Vorzeigestück der drei Burgen ist das etappenweise vom 13. bis 19. Jh. erbaute *Castelgrande (Di–So 9 bis 22, Mo 10–18 Uhr),* das mit seinen beiden markanten Türmen auf einer mächtigen Felsfaust über der Altstadt thront. Das Castelgrande ist vom renommierten Tessiner Architekten Aurelio Galfetti in den Achtzigerjahren brillant renoviert worden. Es beherbergt ein elegantes, durchgestyltes Restaurant (€€€) auf dem Burgfelsen. Wegen der einmaligen Lage ist vor allem der *Grotto Ticinese (Mo geschl. | Tel. 09 18 26 23 53 | www.castelgrande.ch | €€)* auf der Burgterrasse ein Muss.

Das Castello Montebello in Bellinzona – eine Burg wie aus dem Märchen

### TEATRO SOCIALE

Ein kunsthistorisches Juwel: Das neoklassizistische Logentheater ist das einzige erhaltene Theater der Schweiz aus dem 19. Jh. und wird in Anlehnung ans Vorbild in Mailand auch „Piccola Scala“ genannt. *Via Teatro | Tel. 09 18 20 24 44 | www.teatrosociale.ch*

### VILLA DEI CEDRI

Die städtische Kunstgalerie, ausgesprochen hübsch gelegen im Stadtviertel Ravecchia in einem Park mit Zedern, versammelt Werke aus der Schweiz und Italien aus dem 19. und 20. Jh. *Juni–Okt. Di–Fr 14–18, Sa/So 11–18 Uhr | Piazza San Biagio | www.villacedri.ch*

## ESSEN & TRINKEN

### OSTERIA LAFRANCHI

Insider Tipp

Gediegene, familiäre Atmosphäre am Kamin und exzellente internationale Küche an einem Touristen eher unbekannten Ort ein paar Kilometer südwestlich im Dorfkern von Robasacco unterhalb des Monte Ceneri. Sternekoch Stefano Lafranchi und seine japanische Ehefrau Akko servieren Tessiner Traditionsgerichte, hausgemachte Pasta und asiatische Spezialitäten. Ein kulinarisches Highlight zu vernünftigen Preisen! *Mo/Di geschl. | Tel. 09 18 58 12 92 | www.osterialafranchi.ch* | €€

### MALAKOFF

Kleines, feines Familienrestaurant im Viertel Ravecchia zehn Minuten vom Zentrum. Besitzerin Rita Fuso steht in der Küche, ihr Mann Antonio besorgt den Service. Hervorragende Pastagerichte. Reservieren! *So geschl. | Via Bacilieri 10 | Tel. 09 18 25 49 40* | €€–€€€

### OSTERIA PEDEMONTE

Insider Tipp

Unscheinbares Restaurant hinter dem Bahnhof. Im Innern ein kulinarischer Höhenflug in die italienische Küche. Italienischkenntnisse sind von Vorteil, da die Karte mündlich vorgetragen wird. Reservieren! *Sa-Mittag und Mo geschl. | Via Pedemonte 12 | Tel. 09 18 25 33 33* | €€

### LO SCUGNIZZO DELLA GOLENA

Insider Tipp

Heißer Tipp für großen Hunger und schmales Portemonnaie. In der Pizzeria am Fluss Ticino gibts die wohl größten und leckersten Pizzas der Stadt. Das Lokal ist bei den Einheimischen beliebt wegen seiner üppigen italienischen Gerichte und der niedrigen Preise (Pizza ab 7 Euro). *Tgl. | Viale Franscini 10 | Tel. 09 18 25 19 00* | €

## EINKAUFEN

### CANTINA SOCIALE

Der trockene weiße Merlot namens Bucaneve (Schneeglöckchen) ist ein exquisites Mitbringsel aus der Genossenschaftskellerei in dem mit

## MARCO POLO HIGHLIGHTS

★ **Burgen**
Die majestätischen Wehrbauten in Bellinzona sind schon von ferne ein faszinierender Anblick (Seite 32)

★ **San Carlo**
Das Kulturdenkmal mit Weitblick liegt in der Abgeschiedenheit des Weilers Negrentino im Bleniotal (Seite 36)

★ **Sankt-Gotthard-Pass**
Der Tessiner Berg schlechthin (Seite 41)

★ **Grotto al Sprüch**
Am Steintisch unter einem Felsen: Tessiner Romantik pur (Seite 36)

★ **San Nicolao**
Bedeutendstes romanisches Bauwerk im Tessin (Seite 39)

Bellinzona zusammengewachsenen Ort Giubiasco. *Via Linoleum 11*

**SAMSTAGSMARKT**

Großer Lebensmittel- und Handwerksmarkt mit Qualitätsprodukten aus der Tessiner Landwirtschaft. *Sa 7.30–12 Uhr | Piazza Nosetto/Piazza Collegiata*

## ÜBERNACHTEN

**GAMPER**

Zentral und mit ordentlichem Standard. Zum Hotel gehören eine Pizzeria und ein Straßencafé. *28 Zi. | Viale Stazione 29 | Tel. 09 18 25 37 92 | Fax 09 18 26 46 89 | €€*

**GARNI MODERNO**

Kleines, einfaches, zentral gelegenes Hotel vis-à-vis von der modernen Hauptpost. Geeignet vor allem für jüngere Gäste mit schmalem Budget. WC auf der Etage. *10 Zi. | Viale Stazione 17 b | Tel./Fax 09 18 25 13 76 | €*

## AM ABEND

**GROTTO PASINETTI ▶▶**

Szenelokal mit jungem und jung gebliebenem Publikum, oft Livemusik. *Di geschl. | 4 km außerhalb in Gorduno | www.pasomusic.ch*

## AUSKUNFT

*Palazzo Civico | Piazza Nosetto 5 | 6501 Bellinzona | Tel. 09 18 25 21 31 | Fax 09 18 25 38 17 | www.bellinzona.ch, www.bellinzonaturismo.ch*

## ZIELE IN DER UMGEBUNG

Insider Tipp

**CALANCATAL (VAL CALANCA)** [114–115 C–D 5–6, 118 C1]

Das kleine Calancatal gehört zum Misox und damit zum italienischsprachigen Teil des Kantons Graubünden. Geografisch, kulturell und sozial ist das Misox aber eng mit dem Tessin verknüpft – es beginnt nicht einmal 10 km nordöstlich von Bellinzona. Zum Calancatal fahren Sie zuerst nach Grono im Misoxer Haupttal, durch das die San-Bernardino-Autobahn A 13 führt. Von dort kurven Sie zwei Serpentinen den Hang hoch, dann biegt die Straße hinein in die Val Calanca – und weg sind Sie. Sie tauchen ein in eine andere Welt, umgeben von Felsen. Im Weiler *Bodio* steigen Sie aus, gehen hinunter an den Fluss und nehmen in einem natürlichen Becken der eiskalten Calancasca ein prickelndes Bad – direkt unter einer gigantischen Felswand. Lassen Sie auch die Gemeinde *Braggio* nicht aus: Sie ist, hoch über klaffenden Wänden klebend, nur mit der Seilbahn erreichbar. Für einige Nächte im wilden Tal sind Sie im Hotelrestaurant *La Cascata* in *Augio* bestens bedient *(10 Zi. | Restaurant Mo geschl. | Tel./Fax 09 18 28 13 12 | www.lacascata.ch | €€)*. Das Calancatal ist vom Bahnhof Bellinzona aus in einer knappen Stunde auch mit dem Postauto zu erreichen.

Insider Tipp

**MONASTERO DI SANTA MARIA** [118 B2]

Auf einem Felszahn hoch über der Ortschaft Claro im Rivieratal 7 km nördlich von Bellinzona steht das bescheidene Kloster. Die neun Benediktinerinnen haben sich einer strengen Klausur verschrieben. Gäste sind aber willkommen – und können vorzügliche, hausgemachte Süßigkeiten kaufen. Das Kloster erreicht man in einem einstündigen Fußmarsch ab

*Claro* oder – besonders schön – ab *Lumino* am Eingang zum Misox. Von dort fährt ein Seilbähnchen auf die Monti di Saurù. In einer zweistündigen, leichten Höhenwanderung mit schönem Tiefblick gelangen Sie zum Kloster.

## BLENIOTAL (VALLE DI BLENIO)

[114 A–B 3–5] ***La Valle del Sole*** **– das Tal der Sonne: Die Bezeichnung der Einheimischen ist kein leeres Versprechen.** Das Bleniotal, das von Biasca hoch zum Lukmanierpass führt und die Dörfer Malvaglia, Dongio, Lottigna, Torre, Aquila und Olivone umfasst, ist eine Oase der Milde am Fuß des zweithöchsten Tessiner Bergs, eine reizvolle Kombination südlicher Wärme und alpiner Landschaft. Die Talschaft ist weit, offen gegen Süden, lieblich, mild: Reben gedeihen hier bis fast auf 700 m. Vom Auto aus sind Vielfalt und Wärme des Bleniotals schwer zu entdecken: Zu Fuß, auf den über 500 km gut ausgeschilderten Wander- und Spazierwegen, kommen Sie dem Reiz des Tals näher. Die Architektur des Bleniotals reflektiert nicht das karge Leben der traditionellen Bergbauern – stattliche Palazzi beherrschen das Bild der Dörfer: Viele Emigranten investierten ihre Ersparnisse in der Heimat.

### SEHENSWERTES

**MUSEO DI BLENIO**

Ein Heimatmuseum, dessen Gebäude schon einen Teil der Talgeschichte

Im sonnigen Bleniotal reifen die Reben noch auf Höhen von 700 m

erzählt: Es ist das ehemalige Haus der Landvögte in *Lottigna,* wo die Statthalter der Alten Eidgenossenschaft bis 1798 regierten. Gezeigt werden Gegenstände des bäuerlichen Lebens und sakrale Kunst. *Ostern bis Okt. Di–So 14–17.30 Uhr*

### MUSEO ETNOGRAFICO CA' DA RIVÖI

Im ehemaligen Armenhaus in *Olivone* ist das interessant gestaltete volkskundliche Museum untergebracht. *April–Okt. tgl. 14–17 Uhr*

### SAN CARLO ★

Ein Kulturereignis in traumhafter Lage: Die Bergkirche, deren ältester Teil im 11. Jh. gebaut wurde, liegt auf einer Terrasse neben dem Weiler *Negrentino* (828 m) oberhalb des Dorfs Acquarossa. Einen Besuch wert ist das Gotteshaus wegen der herrlichen Aussicht aufs Tal, wegen des romanischen Glockenturms und wegen der wertvollen Fresken. Die Kirche erreicht man zu Fuß in einer knapp einstündigen Wanderung ab *Prugiasco.* Wer auf das Auto nicht verzichten mag, kurvt ab Acquarossa die Serpentinen hoch zum Parkplatz der Talstation des Sessellifts Nara und überquert zu Fuß die Brücke nach Negrentino.

## >LOW BUDGET

- *Rent a Rustico* ist nicht nur die für das Tessin authentischste Form, im Urlaub unterzukommen, sondern lohnt sich auch preislich. Eine große Auswahl für alle, die ihren Urlaub in einem urigen Tessiner Berghäuschen verbringen wollen, bietet die Website *www.rustici.ch*.
- Billig wohnen direkt an den Burgen: In Bellinzonas Jugendherberge *Villa Montebello (Via Nocca 4 | Tel. 09 18 25 15 22 | Fax 09 18 35 42 85 | www.youthhostel.ch)* gibts die Übernachtung im Mehrbettzimmer bereits ab 36,50 Franken.
- Ski laufen können Winterurlauber im Livinental zum Spartarif: Hotels, Pensionen und Gruppenunterkünfte winken hier mit günstigen Pauschalen, Halbpension und Skipass inklusive. *www.leventinaturismo.ch*

## ESSEN & TRINKEN

### OSTERIA CENTRALE

Insider Tipp

Annemarie Emch und Tiziano Canonica führen das modern renovierte Steinhaus (auch acht Zimmer) im Zentrum von *Olivone* traditionsbewusst und umsichtig. Die Wurst- und Fleischspezialitäten aus eigener Schlachtung sind weithin bekannt, ebenso die hausgemachten Nudeln und der Käse aus dem Tal. *Mi geschl. | Tel. 09 18 72 11 07 | www.osteriacentraleolivone.ch* | €

### GROTTO AL SPRÜCH ★

In *Ludiano,* auf der beschaulicheren, rechten Seite des unteren Bleniotals, finden Sie noch urige Grottoromantik unter einem mächtigen Granitblock mit hausgemachten Würsten und *keiner* in Plastik eingeschweißten Speisekarte. *Mo geschl. | Ludiano | von der Dorfstraße 10 Min. den Berg hoch | Tel. 09 18 70 10 60* | €

## ÜBERNACHTEN

### ALBERGO ARCOBALENO

Das unscheinbare Haus verrät die kulinarische Überraschung nicht, die drinnen wartet: feine, erfinderische Küche *(Di geschl.)* ohne Extravaganzen. Wer sich nicht losreißen mag, kann hier auch übernachten. *23 Zi. | Via al Lucomagno | Olivone | Tel. 09 18 72 13 62 | Fax 09 18 72 27 44 | info@albergo-arcobaleno.ch* | €

## ZIELE IN DER UMGEBUNG

### GREINA [114 B1]

Für die Liebhaber alpiner Naturschönheiten ein Muss. Die Hochebene der Greina sollte unter einem Stausee verschwinden, doch der Widerstand von Naturschützern in der

Auf einer kurzen Wanderung erreichen Sie das freskengeschmückte Bergkirchlein San Carlo

ganzen Schweiz hat diese unberührte Landschaft, in der der Fluss frei mäandert, vor dem Verschwinden bewahrt. Auf die Greina – den Passübergang zwischen dem Tessin und Graubünden – führt eine beliebte Wanderroute: ab *Campo Blenio* durch das Camadratal gut 1000 Höhenmeter Aufstieg zum Greinapass, dann hinunter auf die Hochebene. Übernachtungsmöglichkeit in der *Scaletta-Hütte (ganzjährig geöffnet, Hütten-*

### ALBERGO OLIVONE E POSTA

Gutbürgerliches Haus mit freundlichem Empfang und großem Garten im Zentrum von Olivone. *25 Zi. | Via al Lucomagno | Tel. 09 18 72 13 66 | Fax 09 18 72 16 87 | www.hotel-olivone.ch* | €€

## AUSKUNFT

*6718 Olivone | Tel. 09 18 72 14 87 | Fax 09 18 72 15 12 | www.blenio.com*

*wart Juni–Okt. | Tel. 09 18 72 26 28).* Der Abstieg erfolgt über den Luzzone-Stausee nach Campo Blenio.

**MALVAGLIATAL (VAL MALVAGLIA)** [114 B–C 4–5]

Das kurze, unglaublich steile Seitental steigt hoch vom Ort *Malvaglia* (375 m) und endet auf dem Laghettopass (2646 m). Es verläuft unter den mächtigen Wänden der Bergkette, die vom höchsten Tessiner Berg gekrönt wird. Man glaubt kaum, dass man hier ohne permanente Angst vor Felsstürzen leben kann – doch hier wohnen mindestens seit dem 14. Jh. Menschen, heute allerdings tun es ganzjährig nur noch wenige.

Eine mühelose Art, einen Blick in dieses gewaltige Tal zu werfen, ist eine Fahrt mit der *Seilbahn (Filovia | Tel. 09 18 70 24 30 | März–Okt., Kernzeit tgl. 9–17 Uhr | www.quarnei.ch ),* die von Malvaglia zum Weiler *Dagro* (1367 m) führt und auch Mountainbikes transportiert. Im *Ostello Monte Dagro (Dez.–März geschl. | Tel. 09 18 70 20 32 | €)* können Sie essen oder in einem der Mehrbettzimmer eine Bergnacht genießen.

# LIVINENTAL (VALLE LEVENTINA)

[113 D–F 3–4, 114 A5] **Auf den ersten Blick ist das Tal nichts anderes als ein lärmiger Behälter für die Transportwege der Nord-Süd-Achse: Über 6,5 Mio. Fahrzeuge, darunter zahllose schwere Brummer, dröhnen jährlich durch das enge Tal.** Viele Reisende sehen in dem schroff und wenig südlich wirkenden Tal, das von Airolo nach Biasca steil abfällt und die Dörfer Quinto, Faido, Chiggiogna, Chironico, Giornico und Bodio umfasst, keinen Grund zum Anhalten. Doch die Leventina hat auch sanfte Seiten – milde Hochebe-

Kühe in der Valle Leventina – in Airolo können Sie eine Schaukäserei besuchen

nen, interessante Kulturstätten, ausgezeichnete Gaststätten.

## SEHENSWERTES

### CASEIFICIO DEL GOTTARDO

Die Schaukäserei liegt gleich beim Ausgang des Gotthardtunnels in *Airolo*. Sie können die Produktionsstufen der Leventiner Halbhartkäse mitverfolgen – und Ihren *formaggio* sogar selber produzieren, wenn Sie als Gruppe angemeldet sind. Ihr Produkt wird fachgerecht gelagert, und Sie nehmen es ein paar Monate später, bei einem nächsten Tessinbesuch, mit. Der Schaukäserei angegliedert ist ein ausgezeichnetes, bei Einheimischen beliebtes *Restaurant (tgl. | Tel. 09 18 69 11 80 | www.gotthard-hospiz.ch | €€)*, in dem nicht nur Käse serviert wird.

### Insider Tipp DAZIO GRANDE

Das mächtige, aus dem 16. Jh. stammende ehemalige Zollhaus in *Rodi-Fiesso* an der Kantonsstraße zwischen dem Weiler Ambrì und Faido ist seit 1998 ein Kulturzentrum. In der einfachen Gaststätte kommt man preiswert zu einem prima Mahl – und wer sich vom sympathischen Ambiente des Hauses angezogen fühlt, für den stehen sechs Doppelzimmer bereit *(Tel. 09 18 74 60 60 | Fax 09 18 74 60 61 | www.daziogrande.ch | €€)*. Nicht verpassen: den gut zehnminütigen Spaziergang zur nahe gelegenen, spektakulären *Piottino-Schlucht*.

### FORTE AIROLO

Das gewaltige Fort oberhalb von Airolo, mit einem granitenen „Schildkrötenpanzer" geschützt, wurde Ende des 19. Jhs. gebaut und galt bis zum Ersten Weltkrieg als modernste Festung Europas *(Juni–Okt. Sa 13.30 bis 15 Uhr geführte Besichtigungen | Tel. 09 18 68 17 70 | www.gotthard-hospiz.ch)*. Nur einen Steinwurf vom Fort entfernt erblicken Sie oberhalb von Airolo einen Militärbau in kurioser Rundbauweise: die 1995 fertiggestellte Kaserne Airolo.

### INFO-CENTER ALP TRANSIT

Kurz vor Biasca entsteht das Südportal des längsten Eisenbahntunnels der Welt. Ab (frühestens) 2017 werden die Züge mit bis zu 250 km/h durch den 57 km langen Gotthard-Basistunnel rasen. Derzeit ist der Tunnel eine faszinierende Baustelle unter dem Felspanzer des Gotthards. Das Infocenter in Pollegio zeigt den Tunnelbau in allen Aspekten. Die Besichtigung des Infozentrums ist kostenlos. Außerdem gibt es auf Anfrage Führungen zum Tunnelportal mit Vortrag *(12 Franken)* und jährlich einige wenige Baustellenbesichtigungen im Tunnelinnern. *Di–So 9–18 Uhr | Tel. 09 18 73 05 50 | www.infocentro.ch*

### SAN NICOLAO ★

Die als „Fotomodell" unzählige Male reproduzierte Kirche San Nicola in *Giornico* gilt als bedeutendstes romanisches Baudenkmal im Tessin. Beeindruckend ist vor allem, dass die im 12. Jh. aus imposanten Steinquadern gebaute und mit zahlreichen Fresken ausgestattete Kirche praktisch im Urzustand erhalten geblieben ist. Die Kirche erreichen Sie vom Ortszentrum aus zu Fuß, indem Sie den Ticino auf einer antiken Steinbrücke überqueren.

## ESSEN & TRINKEN

### GROTTO DEI DUE PONTI

In Giornico treffen Sie auf die ersten Tessiner Weinreben – und mit diesen auf die ersten Grotti. Im zwischen den beiden Ticinoarmen auf einem Inselchen gelegenen Grotto können Sie Tessiner Wein und exquisit zubereitete lokale Spezialitäten genießen. *Giornico | Di sowie Nov.–April geschl. | Tel. 09 18 64 20 30 |* €€

## ÜBERNACHTEN

### ALBERGO-RISTORANTE DEFANTI

Das Dorf Lavorgo zwischen Faido und Giornico ist wegen des großen Elektrizitätswerks keine rechte Augenweide – aber Cesare Defanti macht dieses Defizit wieder wett. Sympathisches, traditionelles Familienhotel mit lukullischer Oase im Ristorante. *26 Zi. | Strada San Gottardo | Lavorgo | Tel. 09 18 65 14 34 | Fax 09 18 65 17 26 | www.defanti.ch |* €

### ALBERGO-RISTORANTE FORNI

Unkompliziertes Familienhotel mit alpinem Charme gegenüber dem Bahnhof von Airolo. Restaurant mit gepflegter Küche und großer Weinkarte. *20 Zi. | Via Stazione | Airolo | Tel. 09 18 69 12 70 | Fax 09 18 69 15 23 | www.forni.ch |* €€–€€€

## AUSKUNFT

*Via Stazione | 6780 Airolo | Tel. 09 18 69 15 33 | Fax 09 18 69 26 42 | www.leventinaturismo.ch*

## ZIELE IN DER UMGEBUNG

### BEDRETTOTAL (VAL BEDRETTO) [112 B–C3]

Nirgends ist das Tessin so alpin wie hier, in dem kurzen Tal, das von Airolo zum Nufenenpass führt. Und nirgends wird die Ausgeliefertheit der Menschen gegenüber den alpinen Naturgewalten so deutlich sichtbar wie hier. Fast ein halbes Jahr liegt Schnee im Bedrettotal, das aus eng zusammengekauerten Dörfern besteht, die Lawinengefahr ist allgegenwärtig. Das Bedrettotal entdecken Sie am besten auf dem bequem zu wandernden Höhenweg *Strada degli Alpi,* (Insider Tipp) der weit weniger ausgelatscht ist als die berühmte Strada Alta von Airolo nach Biasca. Lassen Sie sich von Airolo mit der Luftseilbahn hoch nach Pesciüm (1745 m) bringen; von dort wandern Sie auf dem markierten Weg westwärts. Je nach Tagesform steigen Sie früher oder später in eines der Taldörfer ab, von wo Sie das Postauto zurück zur Talstation der Seilbahn bringt. In der *Osteria Pizzo Rotondo (Dez.–Juni geschl. | Tel. 09 18 69 21 61 |* €*)* in Bedretto findet man bei Irma Leonardi Unterkunft in vier einfachen Zimmern und sehr gute traditionelle Tessiner Küche. Im Winter verläuft die 10 km lange Langlaufloipe gleich neben dem Haus.

### LAGO RITÓM/ PARCO PIORA [113 D–E 2–3]

Schon bei der Anfahrt in dieses Hochtal verschlägt es Ihnen den Atem: Mit der steilsten *Standseilbahn (Mai–Okt. tgl. 8.30–18.30 Uhr | www.ritom.ch)* der Welt – maximale Steigung 88 Prozent – fahren Sie in einer guten Viertelstunde aus dem Dörfchen Piotta (1006 m) hoch auf 1793 m. Nach einem halbstündigen, auch für Kinder verkraftbaren Spaziergang können Sie, vor allem bei strahlendem Herbstwetter, einen der schönsten Anblicke in den Tessiner Alpen genießen: die gegenüber der rauen Landschaft der Leventina wohltuend sanften Gipfel der Val Piora, die sich im Ritóm-Stausee spiegeln. Das vom Nordwind abgeschirmte Pioratal ist, obwohl durch mehrere Stauseen sichtbar technisiert, ein ökologisches Juwel von majestätischer Schönheit. Die reiche und seltene Fauna und Flora des Tals hat wissenschaftliches Interesse geweckt, sodass ein alpines Forschungszentrum eingerichtet wurde.

Insider Tipp In der *Berghütte Cadagno (Küche Nov.–Mai geschl. | Tel. 09 18 68 13 23 | €)* am gleichnamigen See kann man zünftig essen (beispielsweise den berühmten Piorakäse) und in einfachen Mehrbettzimmern rustikal übernachten. Wers lieber etwas gepflegter möchte, mietet eines der elf ebenfalls sehr einfachen Zimmer im Hotelrestaurant *Lago Ritóm (Nov.–April geschl. | Tel./Fax 09 18 68 14 24 | €)* an der Staumauer.

Zum Lago Ritóm gelangen Sie mit der steilsten Standseilbahn der Welt

### SANKT-GOTTHARD-PASS (PASSO DEL SAN GOTTARDO) ★ [112 C2]

Wer durch den Gotthard-Straßentunnel fährt, verpasst die Begegnung mit einem schweizerischen Mythos: dem Gotthardpass, dem Kreuzungspunkt der vier schweizerischen Sprach- und Kulturzonen. Wer Zeit hat, sollte sich die Fahrt ab Göschenen über den Pass nicht entgehen lassen. Oben auf der Passhöhe (2109 m), die meist von einem kühlen Wind bestrichen wird, warten ein sehenswertes *Museum* zur Passgeschichte *(Juni–Okt. tgl. 9–18 Uhr | www.gotthard-hospiz.ch)*, ein Restaurant und das renovierte, einfache Hotel *Ospizio San Gottardo (22 Zi. | Nov.–Mai geschl. | Tel. 09 18 69 12 35 | Fax 09 18 69 18 11 | €–€€)*.

# > WILDE BERGFLÜSSE, MILDE SEEUFER

Von den südlich-milden Seeorten Ascona und Locarno am Lago Maggiore zur herben Schönheit abgelegener Bergtäler

**> Lieblicher See, tosende Wasserfälle; sanfte Buchten, schroffe Bergtäler; mediterrane Palmen, alpine Schneefelder: Das Locarnese – die weltbekannten Ferienorte Locarno und Ascona mit ihren vielfingrigen Tälern – bezieht seinen unwiderstehlichen Charme aus diesen Gegensätzen.** In wenigen Minuten gelangt man aus der mondänen Asconeser Boutique in archaisch-schlichte Bergdörfer fernab dieser Welt. Wasser in unterschiedlichsten Spielformen ist hier im Überfluss vorhanden – die pittoresken Bademöglichkeiten in den bizarr geschliffenen natürlichen Becken der wilden Bergflüsse garantieren prickelnden Genuss.

## ASCONA

**[117 D–E4] Man mag über Ascona (205 m, 5000 Ew.) gelesen und gehört haben, was man will: Beim Anblick von Asconas Fassade schlägt jedes Herz höher – diese**

Bild: Brücke über die Melezza bei Intragna

# LOCARNESE

**Uferpromenade, gesäumt von gelb, rosarot und hellblau getünchten Häusern, das intensive Licht des Südens, die Palmen, die im Wind säuseln, das glitzernde Wasser und im Hintergrund die schneebedeckten Berge.** Sein außergewöhnliches Renommee erhielt das Städtchen Anfang des 20. Jhs., als Exzentriker, Utopisten, Spinner und Vegetarier aus dem Norden den Monte Verità zu ihrer Experimentierwiese erkoren. Sie machten Ascona zum Trendreiseziel für Politiker, Künstler und Wissenschaftler.

Der Geist der künstlerischen Avantgarde ist längst verflogen – aber Ascona besitzt mit seiner einmaligen Lage und seiner Kombination aus dörflichem Charme und weltläufiger Internationalität zwei Vorzüge, die hohe Lebens- und Urlaubsqualität garantieren – durchaus nicht nur für Snobs mit dickem Geldbeutel.

## SEHENSWERTES

### MONTE VERITÀ ★

Nonkonformisten, die der starren bürgerlichen Gesellschaft den Rücken kehrten, machten Ascona Anfang des 20. Jhs. zum Hort gesellschaftlicher Utopien. Es entstanden „Lufthäuser", Reformisten suchten nach dem dritten Weg zwischen Kommunismus und Kapitalismus, Naturisten schwebten nackt über die Wiesen auf dem phantastisch gelegenen Hügel. Vom radikalen Geist des Aufbruchs ist kaum noch etwas zu spüren, aber man ehrt das geistige Erbe von damals wieder vermehrt mit kulturellen Aktivitäten. Heute betreibt die Eidgenössische Technische Hochschule auf dem Monte Verità ein Seminarzentrum, und im Restaurant finden regelmäßig kulinarische Events statt *(Tel. 09 17 85 40 44)*.

Wertvoll ist die Dokumentation dessen, was auf dem Monte Verità vor knapp 100 Jahren passierte. Die von Harald Szeemann geschaffene, eindrucksvolle Dauerausstellung zur spannenden Geschichte des „Bergs der Wahrheit" ist im *Museo Casa Anatta (April–Okt. Di–So 14.30–18, Juli/Aug. 15–19 Uhr, Bus ab Ascona)* sowie in der einst von Vegetariern erbauten Licht-Luft-Hütte *Casa Selma* auf dem Monte Verità zu sehen.

Das Museo Casa Anatta dokumentiert die bizarre Geschichte des Monte Verità

Eine empfehlenswerte Ergänzung zum Besuch auf dem Monte Verità ist ein knapp einstündiger Spaziergang auf dem aussichtsreichen Höhenweg ins hoch über dem Lago Maggiore gelegene Dorf *Ronco*. Insider Tipp

### MUSEO COMUNALE D'ARTE MODERNA

Das Museum für moderne Kunst beherbergt u. a. Werke von Paul Klee und Hermann Hesse, vor allem aber 70 Gemälde von Marianne von Werefkin, darunter ihr Porträt von Alexej von Jawlensky. *März–Dez. Di–Sa 10–12 und 15–18, So 16–18 Uhr | Via Borgo 34 | www.museoascona.ch*

### MUSEO EPPER

Das Museum zeigt Werke des schweizerischen Expressionisten Ignaz Epper und seiner Frau Mischa. *April–Okt. Di–Fr 10–12 und 15–18, Sa/So 15–18 Uhr | Via Albarelle 14*

### TEATRO SAN MATERNO

Carl Weidemeyer schuf 1928 das Theatergebäude im Bauhausstil an der Peripherie Asconas, das für die zeitgenössische Szene zu einem Fixpunkt wurde. *Via San Materno 3*

## ESSEN & TRINKEN

### GROTTO BALDORIA

*Baldoria* bedeutet Ausgelassenheit. Hier zählt weniger die ausgetüftelte Speisekarte als die Stimmung. Man isst das (stets ausgezeichnete) Menü und basta. *Ostern–Okt. tgl. | Via Omobono 9 | Tel. 09 17 91 32 98 | €€*

### GROTTO LAURO

Insider Tipp

Rustikale Atmosphäre, Holzbänke und -tische und formidable Tessiner Kost. Mündlich vorgetragene Speisekarte, auch auf Deutsch. Kaninchen mit Polenta – ein Gedicht. Oberhalb Asconas im romantischen Dörfchen *Arcegno. Mo geschl. | Via Ceu | Tel. 09 17 91 42 96 | €€*

### OSTERIA NOSTRANA

Optimale Holzofenpizzen in italienischem Ambiente an der Seepromenade und zum Dessert ein Stück von Großmutters Nusstorte. *Tgl. | Lungolago Motta | Tel. 09 17 91 51 58 | keine Reservierungen | €*

### HOSTERIA SAN PIETRO

Insider Tipp

Schlichtes, aber elegantes Lokal, etwas versteckt in einem Gässchen des Zentrums. Hausgemachte Pasta, garniert mit Saisonprodukten. *Mo ge-*

## MARCO POLO HIGHLIGHTS

**★ Monte Verità**
Der Hügel oberhalb Asconas, auf dem vor 100 Jahren ein geistiger Aufbruch stattfand, der Furore machte (Seite 44)

**★ Brissagoinseln**
Der zauberhafte botanische Garten auf dem kleinen Eiland im See (Seite 47)

**★ Bavonatal**
Atemraubendes Tal mit drohenden Felswänden und charmanten Dörfern (Seite 59)

**★ Madonna del Sasso**
Wallfahrtskirche mit herrlicher Aussicht über Locarno (Seite 52)

**★ San Giovanni Battista**
Das großartige Kunstwerk des Stararchitekten Mario Botta in der rauen Bergwelt des Maggiatals (Seite 57)

**★ Flussbaden und Tauchen**
Pittoreskes Sonnenbad auf einem glatt geschliffenen Felsen der Verzasca (Seite 63)

*schl. | Contrada Maggiore 6 | Tel. 09 17 91 38 96* | €€

**SEVEN LOUNGE** ▶▶
Das elegante Restaurant direkt am See bietet neben Fusion- und experimenteller Küche auch Erlebnisgastronomie. Hin und wieder werden die Abendessen mit Theatereinlagen gewürzt. *Tgl. | Tel. 09 17 80 77 77 | www.seven-ascona.ch* | €€

## EINKAUFEN

Die kleine Altstadt braucht als gut dotierte Miniaturausgabe den Vergleich mit den großen Einkaufsstraßen von Mailand, London oder Paris nicht zu fürchten. Speziellen Charme verleihen Ascona aber eine Reihe origineller, liebevoll geführter Kleingeschäfte. Markt ist im Sommerhalbjahr dienstags von 10 bis 17 Uhr.

**L'AGNELLINO**
Am „Lämmchen" von Andrea Flütsch darf niemand vorbeigehen, der an hochwertigem Holzspielzeug interessiert ist. Ein Paradies für Onkel und Tanten. *Via Collegio 6*

**CANTINA DELL'ORSO**
Inmitten der Gässchen der Altstadt bietet Urs Mäder eine große Auswahl an Tessiner und internationalen Weinen. Auch Degustationen und Aktivitäten *(Anmeldung erwünscht | Tel. 09 17 85 80 20). Via Orelli 8 | www.orsovini.ch*

**MERCATO CATTORI**
Im Ortsteil *Losone* befindet sich das größte Lebensmittelgeschäft des Kantons: Spezialitäten aus dem Tessin und Italien, 200 Käsesorten, 650 Weine, Früchte, Gemüse, auch Biosortiment und glutenfreie Produkte. *Via Emmaus 1 | www.cattori.ch*

## ÜBERNACHTEN

Ascona besitzt ein elektronisches Reservierungssystem für die Buchung von Hotels und Ferienwohnungen: *Tel. 09 17 91 00 91 | www.maggiore.ch*

**ANTICA POSTA**
Unterscheidet sich angenehm von den protzigen Edelherbergen am Ort. Klein, romantisch, gepflegt und im Herzen der Altstadt. *8 Zi. | Nov. bis Feb. geschl. | Via Borgo | Tel. 09 17 91 04 26 | Fax 09 17 92 25 22 | www.ti-gastro.ch/anticaposta* | €€€

**CASA EMMAUS**
Das familienfreundliche, im Tessiner Stil gebaute Hotel garni mit großem Palmengarten an der Grenze zwischen Ascona und Losone bietet Zimmer mit und ohne Kochgelegenheit sowie Ferienwohnungen. *14 Zi. | Via Emmaus 15 | Tel. 09 17 86 90 20 | Fax 09 17 86 90 21 | www.casa-emmaus.ch* | €–€€

**PARKHOTEL DELTA**
Das familienfreundliche Fünfsternehaus lädt mit seinem Park zum Entspannen ein. Ein Paradies für Golfer, denn die Plätze Ascona und Losone liegen praktisch vor der Tür. Auch im Winter geöffnet. *50 Zi. | Via Delta 137–141 | Tel. 09 17 85 77 85 | Fax 09 17 85 77 35 | www.parkhoteldelta.ch* | €€€

**ALBERGO TAMARO**
Paolo und Annetta Witzig führen die ehemalige Patrizierresidenz an der

(abends allerdings nicht gerade totenstillen) Uferpromenade bereits in dritter Generation. Familiäre Atmosphäre. *51 Zi. | Nov.–März geschl. | Piazza Motta 35 | Tel. 09 17 85 48 48 | Fax 09 17 91 29 28 | www.hotel-tamaro.ch* | €€€

gen Sommerabenden. Es liegt am längsten Sandstrand der Schweiz mit Blick auf See und Berge. Tessiner Charme gepaart mit internationalem Flair, Jazz-, Blues-, Tanz- und Foodevents. *Via al Lido | www.deltabeach.ch*

Kleine Boutiquen für den großen Geldbeutel: Altstadtbummel in Ascona

## FREIZEIT & SPORT

Insider Tipp

**GRANDE LIDO**

Asconas öffentliches Strandbad bietet eine traumhafte Lage mit Blick über den See, einen flachen, kinderfreundlichen Sandstrand und entspannte Atmosphäre mit vielen Tessiner Familien. Mit zwei guten, preiswerten Restaurants. *Via Fenaro*

## AM ABEND

**DELTA BEACH LOUNGE**

Das Lokal im ehemaligen Kursaal von Ascona ist ein Must an lauschi-

## AUSKUNFT

*Casa Serodine | 6612 Ascona | Tel. 09 17 91 00 91 | Fax 09 17 85 19 41 | www.maggiore.ch.*

## ZIELE IN DER UMGEBUNG

**BRISSAGOINSELN (ISOLE DI BRISSAGO) ★** [117 D4]

Die beiden Inseln im Lago Maggiore vor der Ortschaft Brissago – Isola di Sant'Apollinare und Isola di San Pancrazio – sind veritable Naturparadiese. Pankratius ist der *botanische Garten (Ostern–Okt. tgl. 9–18 Uhr |*

*www.isolebrissago.ch)* des Kantons Tessin. Rund 1500 Pflanzenarten werden hier gezogen, die sonst nur in subtropischem Klima gedeihen. Der vorzügliche Windschutz der umgebenden Bergketten und das dank des Sees milde Mikroklima machen die Insel zum botanischen Wunderwerk. Apollinar, das kleinere Eiland, ist fürs Publikum nicht geöffnet. Hier wird die Vegetation zu Forschungszwecken sich selber überlassen.

Die Isole di Brissago werden von Ende März bis Ende Oktober von den Schiffen der *Navigazione Lago Maggiore (Tel. 08 48 81 11 22)* ab Locarno, Ascona und Brissago angesteuert. Im Winter sind die Inseln nicht erreichbar. *Führungen auf Anfrage | Tel. 09 17 91 43 61 | www.isolebrissago.ch*

### CANNOBIO/LUINO

Zum exotischen Reiz eines Aufenthalts in der Grenzregion gehören Ausflüge ins benachbarte Italien. Das Städtchen *Cannobio* **[117 D5–6]** 14 km südlich am westlichen Lago-Maggiore-Ufer ist ein kleines Juwel mit seinen farbigen Häusern im herausgeputzten, lebendigen Zentrum, seiner Piazza am See. Empfehlenswert ist der farbenfrohe, aber oft überlaufene Wochenmarkt am Sonntagvormittag. Noch mehr Auswahl findet sich *samstags (9–16 Uhr) in Intra* 30 km südlich von Ascona. Ausschließlich wegen seines Markts eine Reise wert ist hingegen *Luino* **[120 A1]** am östlichen Seeufer. Am Mittwoch füllt sich das Zentrum mit einer Unzahl von Marktständen – allerdings ist der Markt inzwischen ein etwas aufgeblasenes Touristenspektakel. Empfehlenswert ist die Anreise zu den *mercati* in Cannobio und Luino ab Locarno/Ascona mit dem Schiff.

## GAMBAROGNO

**[117 E4] So heißt der rund 15 km lange Streifen auf der Südseite des Schweizer**

Multikulti auf den Brissagoinseln: Die Flora gleicht einem botanischen Schmelztiegel

Gerra im Gambarogno:
Badeparadies am Lago Maggiore

**Beckens des Lago Maggiore bis zur italienischen Grenze.** Auf den schmalen Deltas der Bergflüsse reihen sich die Dörfer Magadino, Vira, San Nazzaro, Gerra und Dirinella aneinander. Der unkontrollierte Bau von Zweitwohnungen hat die Hänge überm See zwar bös verunstaltet – attraktiv bleibt der Flecken trotzdem. Ein Teil des Gebiets erhält im Winter wegen der Nordexposition wochenlang keinen Sonnenstrahl. Im Sommer dagegen macht die geschützte Lage das Gambarogno zu einem Badeparadies.

## SEHENSWERTES

### BOLLE DI MAGADINO

Eine Seltenheit in Europa: ein weitgehend natürliches Flussdelta. Als Bolle di Magadino wird die Sumpflandschaft auf den Schwemmebenen der Flüsse Verzasca und Ticino bezeichnet. Das rund 2 $km^2$ große Terrain ist ein Naturschutzgebiet, das allerdings von einem Kiesabbauunternehmen in sträflicher Weise beeinträchtigt wird. Rund 300 Vogelarten nisten in diesem geschützten Gebiet. Es ist von Gordola oder von Magadino aus auf markierten Pfaden, die nicht verlassen werden dürfen, begehbar. Im Sommer organisiert das Verkehrsbüro Gambarogno Führungen auf Anfrage bei der *Fondazione Bolle di Magadino (Tel. 09 17 95 31 15 | www.bolledimagadino.com).* Auskunft: *Verkehrsverein Gambarogno | Vira | Tel. 09 17 95 18 66 | www.gambarognoturismo.ch*

### Insider Tipp PARCO BOTANICO DEL GAMBAROGNO

Die Baumzüchter Otto und Reto Eisenhut haben zwischen Piazzogna und San Nazzaro auf 17 000 $m^2$ diesen botanischen Garten mit über 950 Arten (Kamelien, Magnolien, Azaleen, Pfingstrosen und Rhododendren) geschaffen. Paradoxerweise schafft gerade die winterliche Sonnenabsenz die Bedingung für das botanische Kunstwerk: Die Temperatur schwankt in der kalten Jahreszeit nur minimal. Das verhindert, dass die empfindlichen Pflanzen vorzeitig zu knospen beginnen und dann bei einem späteren Kälteeinbruch erfrieren. *Tgl. 9–19 Uhr | Cheggio/Vairano | www.parcobotanico.ch*

## ESSEN & TRINKEN

### LA FOSANELLA

In Fosano auf einer Terrasse hoch über Vira – schon die Aussicht ist ein

Genuss. Sandra und Thomas Welti-Utz komplettieren das Erlebnis mit ihrer natürlich-kreativen Küche. *Do-Mittag, Mi und Jan.–Mitte März geschl. | Fosano | Tel. 09 17 95 16 16 | €€*

### RISTORANTE RODOLFO

Das kulinarische Highlight im Gambarogno. Im Gasthaus von Waldis

Das abgelegene Indemini hat seinen Charakter als uriges Steindorf behalten

Ratti in einem ehemaligen Kloster werden weniger spitzfindig-exotische, sondern eher rustikal-delikate Gerichte auf den Teller gezaubert. Wer Lust auf Fisch hat, sollte hier nicht vorbeifahren. Reservieren! *So-Abend und Mo geschl. | Vira | Tel. 09 17 95 15 82 | www.gambarogno.ch/rodolfo | €€€*

## ÜBERNACHTEN

### HOTEL BELLAVISTA

Die Aussicht über den hauseigenen Swimmingpool hinweg auf den See Richtung Locarno und die Maggiaebene ist traumhaft. Direktor Giovanni Gazzola führt das Haus in Vira umsichtig und familienfreundlich. *65 Zi. | Dez.–Mitte März geschl. | Tel. 09 17 95 11 15 | Fax 09 17 95 25 18 | www.hotelbellavista.ch | €€€*

### CEDULLO

Das familiär geführte Seehotel mit aufmerksamem Besitzerpaar verfügt über einen eigenen Strand und bietet Touren mit dem Lago-Taxi. *20 Zi. | Via Cantonale | San Nazzaro | Tel. 09 17 94 24 44 | Fax 09 17 94 28 48 | www.cedullo.ch | €€–€€€*

## AUSKUNFT

*6574 Vira | Tel. 09 17 95 18 66 | Fax 09 17 95 33 40 | www.gambarognoturismo.ch*

## ZIELE IN DER UMGEBUNG

### INDEMINI [117 E5]

Insider Tipp

Ein lohnender Ausflug dem Himmel entgegen in die stille Peripherie. Die Ortschaft Indemini (939 m, 43 Ew.) ist ein Mythos: Sonnig und windgeschützt zwar, aber abgelegen wie sonst keine, erreichbar (auch mit dem Postauto ab Locarno) auf einer 18 km langen, spektakulären Passstraße über Vira, verkörpert Indemini mit seinen sämtlich aus Gneis errichteten Häusern abenteuerliche Schmugglerromantik, knorrige Bergbauernnostalgie und urbane Rückzugsträume. Essen können Sie im *Ristorante Indeminese (Nov.–April Mo–Fr geschl. | Tel. 09 17 95 12 22 | €)*, übernachten in einer einfachen, renovierten Herberge mit Mehrbettzimmern, dem *Ostello Genziana (Tel. 09 17 95 12 22 | Fax 09 17 95 11 30 | €). www.indemini.ch*

**ITINERARIO AGRITURISTICO** [117 F4, 118 A4]
Die Magadinoebene zwischen Bellinzona und dem Lago Maggiore ist das landwirtschaftlich am intensivsten genutzte Gebiet des Tessins. Der agrotouristische Lehrpfad, ideal mit dem Fahrrad zu absolvieren, führt Sie in ein unspektakuläres Tessin abseits des touristischen Rummels. Der Pfad orientiert sich am rund 20 km langen Radweg zwischen Locarno und Bellinzona. Spezielle Wegweiser führen Sie zu den Bauernhöfen, etwa zur *Azienda Agricola Nuova Vorame (Tel. 09 17 95 22 13)* der Familie Dormann in Magadino, wo Sie im Sommer übernachten und dem Bauern bei der Arbeit helfen können. Oder nehmen Sie ein Picknick mit – am Ufer des Ticino gibt es zahlreiche lauschige Rastmöglichkeiten. Informationen und Karten zum Velowanderweg erhalten Sie bei den lokalen Verkehrsbüros oder bei *Ticino Turismo (Tel. 09 18 25 70 56).*

## LOCARNO

**KARTE IN DER HINTEREN UMSCHLAGKLAPPE**

[117 E4] **Locarno in der ersten Augusthälfte: Da geht die Post ab, das Städtchen (198 m) platzt aus allen Nähten.** Das internationale Filmfestival *(www.pardo.ch)*, das bedeutendste Kulturereignis der Schweiz, zieht alljährlich eine wachsende Zahl von Menschen an, die sich die unvergleichliche Atmosphäre im Freiluftkino auf der Piazza Grande vor der Megaleinwand nicht entgehen lassen wollen. Tessiner verziehen sich zu dieser Zeit mit Vorliebe in ihre *rustici* oben in den Tälern. Locarno im November: besinnliche Ruhe am Lungolago, wer nach 21 Uhr unter den Lauben wan-

## >LOW BUDGET

> Wer das Locarnese gründlich bereisen will, ist mit dem *Locarno Regional Pass & Prova Arcobaleno* bestens bedient. Der gewährt für 108 Franken eine Woche lang freie Fahrt in allen Regionalzügen und -bussen sowie bei zahlreichen Seilbahnen. Für einen Tag kann sogar das Schiff auf dem Lago Maggiore benutzt werden. *www.utpt-ticino.ch*
> Das sechswöchige Festival (Anfang Juli bis Mitte August) *Vallemaggia Magic Blues (www.magicblues.ch)* bietet Blues- und Jazzgenuss für jedes Portemonnaie. Neben großen Konzerten auf Dorfplätzen für nur 13 Franken Eintritt gibt es kostenlose Gigs in Grotti.
> Ein Mausklick fürs Souvenir: Lago Maggiore Turismo verschenkt auf seiner Website *www.maggiore.ch* Desktopbilder mit Tessiner See- und Bergmotiven.
> Attraktiv und preiswert wohnen Sie in Ascona in der *Casa Moscia (Via Moscia 89 | Tel. 09 17 91 12 68 | Fax 09 17 91 59 32 | www.casamoscia.ch).* Das christliche Ferienzentrum hat Seeanschluss und einen eigenen Strand, die Übernachtung kostet nur ab 52 Franken pro Person.

delt, hört seine eigenen Absätze hallen. Locarno, das verträumte, mitunter provinzielle Städtchen, in dem jeder jeden kennt.

Locarnos glänzender Name als Touristenziel macht leicht vergessen, wie klein und unbedeutend es in Wahrheit ist. Die insgesamt 18 000 Ew. der zusammengewachsenen Agglomeration verteilen sich auf fünf Gemeinden (Locarno, Muralto, Minusio, Brione, Orselina). Ehedem als Reiseziel für die ältere Generation bekannt, hat sich Locarno mit seiner reizenden, verwinkelten Altstadt in den letzten Jahren dank einer Flut von trendigen Kulturevents einen deutlich jugendlicheren Touch gegeben.

## SEHENSWERTES

### CASA RUSCA

Die städtische Sammlung zeitgenössischer Kunst, die *Pinacoteca Comunale,* ist in einem stattlichen Haus aus dem 18. Jh. gleich neben der Kirche Sant'Antonio untergebracht. Beachtung verdienen vor allem die Bilder und Skulpturen des Elsässer Dadaisten Jean Arp. *Di–So 10–17 Uhr | Piazza Sant'Antonio 5*

### CASTELLO

Das mittelalterliche Stadtschloss wurde von der Mailänder Herzogsfamilie Visconti gebaut. Der erhalten gebliebene Teil beherbergt heute ein archäologische Museum mit einer Sammlung römischer Glasgefäße. *April–Okt. Di–So 10–12 und 14–17 Uhr | Piazza Castello 2*

### MADONNA DEL SASSO ★

Der Aufstieg – zu Fuß auf dem Passionsweg oder per Standseilbahn – zur Wallfahrtskirche ist ein Muss wegen des herrlichen Blicks über Locarno und den See. Die Kirche entstand im 16. Jh. Im Innern ausgesprochen reiche Malereien, pittoresk sind die lebensgroßen Holzskulpturen in den Nebenräumen. *Via Santuario 2 | Orselina | Standseilbahn (funicolare) alle 15 Min. von der Via Ramogna*

### PIAZZA GRANDE

Kopfsteingepflastertes Stadtzentrum, gesäumt von einer Flaniermeile unter Arkaden. Ehedem lag die Piazza am Seeufer, bevor die Maggia das Delta vergrößerte und die Uferlinie verschob. Auf der Piazza ist nun endlich das Parken verboten. Während des Filmfestivals in der ersten Augusthälfte, wenn der Platz zum Kinosaal wird, lässt sich erahnen, warum die Piazza der schönste Stadtplatz der Schweiz genannt wird. Das neue Postgebäude des Tessiner Architekten Livio Vacchini am Ostende des Platzes gibt zu leidenschaftlichen Diskussionen Anlass. Den Esprit der Piazza saugen Sie am besten in der Bar *Verbano* an der Ostecke des Platzes ein. Insider Tipp

## ESSEN & TRINKEN

### CAFFÈ DELL'ARTE ▶▶ Insider Tipp

Hier trifft sich die Locarneser Kunstszene – bei Vernissage ist Stau in der Gasse. Das verwinkelte Café verströmt Klasse, auch im Innenhof mit Loungecharakter. *So/Mo geschl. | Via Cittadella 9 | Tel. 09 17 51 93 33 |* €–€€

### GROTTO COSTA AZZURRA

Außerhalb des Zentrums etwas versteckt im Stadtteil Solduno gelegen.

Sympathische Grottoatmosphäre, empfehlenswert für Liebhaber von Fleisch, das auf heißer Steinplatte serviert wird. *Tgl. | Via Bastoria 13 | Tel. 09 17 51 38 02* | €€

**LOCANDA LOCARNESE**

Hierher kommen Einheimische und Touristen zum gediegenen Essen. Der moderne Granitboden und die Kassettendecke aus dem 15. Jh. verschmelzen zu elegantem Ambiente. *So geschl. | Via Bossi 1 | Tel. 09 17 56 87 56 | www.locandalocarnese.ch* | €€–€€€

**BAR-PIZZERIA LUNGOLAGO ▶▶**

In dem ungezwungenen Lokal treffen sich die jüngeren Locarnesi gern zum Aperitif oder auf eine Pizza. *Tgl. | Via Bramantino 1 | Tel. 09 17 51 52 46* | €

## EINKAUFEN

Sie finden in der Altstadt kompetente Antiquariate (etwa *Bellerio, Via Sant'Antonio 11*) und coole Boutiquen *(Il Labirinto, Via Cittadella 16)*. *Markt* ist jeden Donnerstag *(9 bis 16 Uhr, im Winter jeden zweiten Do)* auf der Piazza Grande.

**IN VINO VERITAS**

Charmante Weinhandlung mit ausgesprochen freundlicher Bedienung und über 100 Tessiner Weinen. *Piazza Grande 20 a*

## ÜBERNACHTEN

**CASA LOCARNO** Insider Tipp

Früher ein Winterkurhaus, ist die Casa Locarno, Baujahr 1923, heute ein familiär geführtes Hotel garni am Berghang von Locarno-Monti. Alle Zimmer haben eine großartige See-

Verwinkelte Gassen und eine weitläufige Piazza: das städtische Locarno

sicht. Das Haus ist nur fünf Minuten von Madonna del Sasso und der Cardada-Seilbahnstation entfernt. *5 Zi. | Via Zoppi 1 | Tel. 09 17 51 51 45* | €€

#### PENSIONE CITTÀ VECCHIA

Ein Tipp mitten in der verwinkelten Altstadt, einen Steinwurf von der

Ein landschaftliches Highlight: per Rad oder Bahn durchs Centovallital

Piazza Grande, für Leute mit schmalem Budget. Jugendliche Atmosphäre. *7 Zi. | Nov.–Feb. geschl. | Via Torretta 13 | Tel. 09 17 51 45 54 | Fax 09 17 51 45 55 | www.cittavecchia.ch* | €

#### NAVEGNA AU LAC

Direkt an der Seepromenade in Minusio, renovierte Zimmer, erstklassiges Restaurant – und der Hausherr Enrico Ravelli überzeugt mit seinem rauen Charme. *20 Zi. | Dez.–März geschl. | Via alla Riva 2 | Tel. 09 17 43 22 22 | Fax 09 17 43 31 50 | www.navegna.ch* | €€€

#### PALAGIOVANI

Die Locarneser Jugendherberge hat jeglichen Wolldeckenmief abgelegt und sich in ein einfaches, günstiges Hotel in einem lebendigen Haus mit Jazzschule und Lokalradio verwandelt. *Via Varenna 18 | Tel. 09 17 56 15 00 | Fax 09 17 56 15 01 | www.youthhostel.ch/locarno* | €

#### VILLA NOVECENTO

Insider Tipp

Das erste Biohotel von Locarno liegt am Hügel in der Nähe des Bahnhofs. Es ist eine Oase mit sechs schlichten, geschmackvoll eingerichteten Zimmern. Das über 100-jährige Haus mit Garten wurde baubiologisch renoviert und ist rauchfrei. Mindestmietzeit drei Nächte! *Nov.–Feb. geschl. | Via Buetti 1 | Tel. 09 17 43 45 93 | www.nove-cento.ch | €€*

## AM ABEND

### BAR SPORT ▸▸

Nicht nur am Abend ein beliebter Treffpunkt der Einheimischen mit Spontitouch ohne schicke Extras. Tischfußball und Flipper. Bunt gemischtes Publikum, viele Berufsjugendliche, zwanglose Atmosphäre. Guter Tipp für einen Imbiss: in der Sandwichbar nebenan ein *panino* besorgen und im *Sport* dazu etwas trinken. *Via della Posta*

### LOCANDA DEL VINO

Hier am See in Muralto trifft sich ein bunt gemischtes Publikum und entspannt bei einem Glas und Livemusik. *Via Verbano*

### 2SHÈ ▸▸

Chillen, tanzen und verrückte Partys: Das ist das Erfolgsrezept des zurzeit angesagtesten Clubs in Locarno, einer Art Diskobistro mit Vorliebe für Housemusik und Fingerfood. *Via Luini 23 | www.2she.ch*

### VIA DELLA MOTTA ▸▸

Diese Straße in der Nähe der Piazza Grande ist genau das Richtige zum Lokalhüpfen – gleich drei Bars reihen sich hier aneinander: *Bar Castello, Bar Pardo* und *Bar Reginetta.*

## AUSKUNFT

*Largo Zorzi 1 | Tel. 09 17 91 00 91 | Fax 09 17 85 19 41 | www.maggiore.ch*

## ZIELE IN DER UMGEBUNG

### CENTOVALLI [116–117 C–D 3–4]

„Hundert Täler“ heißt Centovalli auf Deutsch, was nur leicht übertrieben ist: Das wilde, gewundene, nur gut 10 km lange Tal der Melezza, das von Intragna wenige Kilometer nordwestlich von Locarno zur italienischen Grenze in Camedo führt, ist ein landschaftliches Erlebnis, das mit Bahn, Auto oder Fahrrad erfahren werden kann. Erster Höhepunkt ist *Intragna* (366 m, 900 Ew.), wo der höchste *campanile* (Kirchturm) des Tessins steht. Lassen Sie keinesfalls einen Stopp in *Verdasio* aus. Von dort führen zwei Seilbähnchen in die Höhe: Das eine bringt Sie über die atemraubende Schlucht hinweg ins romantische Dörfchen *Rasa,* das nur mit dieser Bahn erreichbar ist. Insider Tipp Das andere führt hoch in die *rustico*-Siedlung *Monte di Comino.* Dort drängt sich ein Imbiss im *Riposo Romantico* auf – Nomen est omen. Ab Monte di Comino ist eine schöne, nicht schwierige, gut zwei Stunden dauernde Höhenwanderung nach *Costa* möglich, von wo ein weiteres Seilbähnchen hinunter nach Intragna führt.

Im renovierten Tessiner Haus *Al Pentolino (Nov.–Mitte März und Mo/Di geschl. | Tel. 09 17 80 81 00 | €€)* im Zentrum von Verdasio kommt Kreatives auf den Tisch. Gastgeberin Doris und Koch Daniel Blum schaffen den Spagat zwischen Ausflugslokal und Gourmetrestaurant. Allein die lauwarmen, auf heißen Steinen servierten *formaggini* (Frischkäslein) sind die Anreise wert.

Machen Sie den äußerst abwechslungsreichen Ausflug ins Centovalli zum Erlebnis, indem Sie mit der privaten Centovallibahn ins italienische Domodossola fahren. Von dort können Sie mit der italienischen Staatsbahn nach Stresa fahren und von dort mit dem Schiff *(April–Okt. | www.lagomaggioreexpress.com)* über den Lago Maggiore nach Locarno zurückkehren.

**MONTE BRÈ** **[117 E3]**

Ein schmales Bergsträßchen führt hoch auf die „Veranda" von Locarno. Prächtiger Ausblick über den Lago Maggiore hinunter bis nach Luino.

**ONSERNONETAL (VALLE ONSERNONE)** **[116–117 B–D3]**

Man glaubt, ans Ende der Welt zu fahren auf der schmalen, mitunter steilen und kurvenreichen Straße, die ab der Ortschaft Cavigliano 8 km nordwestlich von Locarno die neun pittoresken Dörfer von Auressio bis Spruga auf der Sonnenseite des Tals hoch über der Schlucht verbindet. Die *Bagni di Craveggia* – eine heruntergekommene Bäderanlage, die nur zu Fuß ab Spruga erreichbar ist – liegen fernab jeder Zivilisation. Der große Schweizer Schriftsteller Max Frisch lebte von 1962 bis zu seinem Tod 1991 im Onsernonedorf *Berzona* – in Nachbarschaft von Alfred Andersch, der ebenda begraben liegt. In den Siebzigerjahren siedelten sich in dem von der Emigration entleerten Tal Deutschschweizer Aussteiger an, die nach Jahren des Konflikts mit Einheimischen heute integriert sind.

Eine außergewöhnliche Unterkunft bietet der altehrwürdige *Palazzo Gamboni (5 Zi. | Nov.–März geschl. | Tel. 09 17 80 60 09 | Fax 09 17 80 60 10 | www.palazzogamboni.ch | €€€)* im Dorf *Comologno.*

**PONTE BROLLA** **[117 D3]**

4 km nordwestlich, wo sich die Flüsse Maggia und Melezza vereinigen, kann man im kühlen Fluss baden, auf glatt geschliffenen Felsen die Sonne anbeten und ausgezeichnet essen.

Insider Tipp

Für Wasserratten sind Bergbäche wie die Maggia nicht nur im Abendlicht ein Traum

Wer – am besten mit der Centovallibahn ab Locarno – in Ponte Brolla eintrifft, geht entweder über einen kleinen Umweg über Tegna hinunter zum *Sandstrand Al Pozzo* oder begibt sich dem Lauf der Maggia entlang auf einen der großen Felsbrocken.

Fürs Abendessen warten eine Hand voll ausgezeichneter Restaurants in Ponte Brolla: Insider Tipp Im *Ristorante Centovalli (Mo/Di und 23. Dez.–Feb. geschl. | Tel. 09 17 96 14 44 | www.centovalli.com | €€)* wird ein traumhafter Risotto serviert. Wer übernachten will, tut das am besten im familiären, ruhigen, schön gelegenen *Hotel Barbatè (12 Zi. | Dez.–Feb. geschl. | Tel. 09 17 96 14 30 | www.garnibarbate.ch | €€)* in *Tegna*.

#### VERSCIO [117 D3]

Das Dorf 7 km nordwestlich ist mit einem Namen verbunden: Dimitri. Seit 1970 betreibt der Schweizer Clown und Mime in Verscio (275 m, 900 Ew.) das *Teatro Dimitri (Tel. 09 17 96 25 44 | www.teatrodimitri.ch)* sowie eine Clown- und Artistenschule. Im Sommer und im Dezember gibt es ein hochkarätiges Programm. Insider Tipp Und in der *Bäckerei Peri* am Dorfplatz gibts die exquisitesten *amaretti* des Tessins – z. B. mit Kirsch, Williams oder Champagner.

## MAGGIATAL (VALLE MAGGIA)

[113 D4–6, 116–117 C–D 1–3] **Das Tal hält alles für Sie bereit: Thrill und Relax, Raues und Sanftes.** Die Valle Maggia ist die Gigantin unter den Tälern des Locarnese, fast 50 km lang. Sie führt von den Palmen Locarnos zum Gletscher des Basodino, von Avegno über Maggia und Cevio bis ins Dörfchen Fusio ganz oben im Tal. Das Haupttal am Unterlauf der Maggia ist ein breiter, über 20 km fast ebener Schrund zwischen schroffen Bergen. Hinten in den Seitentälern folgen fein verzweigte Einschnitte mit gewaltigen Höhendifferenzen. Gerade dort, wo Sie sich auf spektakulären Straßen in die Höhe schrauben, finden Sie sonnige Wiesen, wo man sie nicht mehr vermutet, Dörfchen, wo man keines mehr erwartet.

### SEHENSWERTES

#### MUSEO DI VALMAGGIA

Hier ist die wichtigste permanente Kultursammlung des Tals zu sehen. Das Museum liegt malerisch in *Cevio,* umgeben von Patrizierhäusern aus dem 16. Jh., und zeigt Ausstellungen zur bäuerlichen Vergangenheit des Tals. *April–Okt. Di–Sa 10 bis 12 und 14–18, So 14–18 Uhr | www.museovalmaggia.ch*

#### SAN GIOVANNI BATTISTA ★

Die 1996 geweihte, vom Architekten Mario Botta konzipierte Kirche im Weiler *Mogno* zuhinterst im Tal bei Fusio ist zum Pilgerort für Architekturfeaks geworden und auch für Architekturbanausen einen Ausflug wert: Kein Mensch erwartet mehr ein Meisterwerk moderner Architektur, wenn er nach unzähligen Haarnadelkurven die kleine Hochebene von Mogno erreicht. Das „Lichtauge zum Himmel" ist grandios. Der Stein des Gotteshauses stammt aus der Gegend: der weiße Marmor aus Peccia, der graue Gneis aus Riveo. *Tgl. 9.30 bis 17 Uhr | Parkplatz am Ortsende von Mogno Richtung Fusio*

## ESSEN & TRINKEN

### GROTTO MAI MORIRE

Der Grotto ist nicht zu übersehen an der Talstraße ins Dorf Avegno. Bei schönem Wetter sitzt man traumhaft an Steintischen unter uralten Bäumen. Das Interieur hingegen ist etwas aufgesetzt tessinerisch. *März bis Okt. tgl. | Avegno | Tel. 09 17 96 15 37 | €*

### ALBERGO LA PINETA

Einfache, authentische Tessiner Küche am Talende in Fusio. *Mo geschl. | Tel. 09 17 55 16 16 | €*

### Insider Tipp GROTTO POZZASC

Ein Augenschmaus: Das Grotto in Peccia liegt malerisch an einem kristallklaren, tiefgrünen Bergbach. Serviert wird an großen Granitplatten: Käse, Salami, Mortadella aus dem Tal. Hier gart die Polenta noch über dem Kaminfeuer. Nicht leicht zu finden, da recht abgelegen – ein Schild am Marmorbruch von Peccia weist auf den Feldweg, der zum Grotto führt. *Mo und Nov.–April geschl. | Tel. 09 17 55 16 04 | €*

## EINKAUFEN

### BOTTEGA DELL'ARTIGIANATO

Eine der besten Möglichkeiten, zu lokalem Kunsthandwerk zu kommen. Rund 40 Kunsthandwerker aus dem Maggiatal präsentieren und verkaufen in der Kooperative von Cevio ihre Erzeugnisse. *April–Okt. Di–Fr 14–18, Sa 10–12 und 14–17 Uhr*

### PANETTERIA PONCINI Insider Tipp

Das Haus im Zentrum von Maggia hat eine 100-jährige Familientradition. Der mehrfach prämierte Panettonehersteller bäckt neben den bis 5 kg schweren Panettoni auch einen wunderbaren Osterkuchen, *colomba* (Taube) genannt. Auch die Amaretti (z. B. mit Kirsch) und das Vallemaggia-Brot sind zum Hineinbeißen. *www.panetteria-poncini.ch*

## ÜBERNACHTEN

### BACKPACKER BARACCA

Oberhalb der Dorfkirche von Aurigeno liegt direkt am Waldrand diese charmante Holzbaracke für Leute mit schmalem Budget. Hier treffen sich Biker (Velovermietung), Campingfans (Minizeltplatz neben dem Haus) und Wanderer aus der ganzen Welt und aller Altersklassen. Kochgelegenheit, Wasserfall in der Nähe, 15 Gehminuten zur Maggia. *Nov. bis*

*März geschl.* | *Tel. 07 92 07 15 54* | *www.backpacker.ch* | €

Insider Tipp **CAMPING BELLA RIVA**

Sie glauben, die Zivilisation weit hinter sich gelassen zu haben – und haben doch alles, was Sie brauchen. Wunderbares Terrain in *Gordevio* direkt an der Maggia mit herrlichem Steinstrand fürs Flussbad. *146 Parzellen* | *Mitte Okt.–Mitte März geschl.* | *Tel. 09 17 53 14 44* | *Fax 09 17 53 17 64* | *www.campingtcs.ch* | €€

**CA' SERAFINA**

Kleines, wunderschön hergerichtetes Juwel im Dorf *Lodano*. Das alte Tessiner Steinhaus hat fünf geräumige, modern und geschmackvoll eingerichtete Zimmer. Auch Ausflüge zu Weingütern in der Nähe. *Tel. 09 17 56 50 60* | *Fax 09 17 56 50 69* | *www.caserafina.com* | €€€

## AUSKUNFT

*6673 Maggia* | *Tel. 09 17 53 18 85* | *Fax 09 17 53 22 12* | *www.vallemaggia.ch*

## ZIELE IN DER UMGEBUNG

**BAVONATAL (VAL BAVONA)** ★ [112 C4–6]

Derart unverdorben sehen Sie das Tessiner Berggebiet nur in diesem 12 km langen, bei Bignasco abzweigenden Seitental der Valle Maggia: senkrechte Felswände, schäumende Wasserfälle, hinter Felsen geduckte Steinhäuser in engen Minisiedlungen, kühle Grotti. Unbedingt sehen müssen Sie den *Wasserfall* beim Weiler *Foroglio,* der mit gigantischer Gewalt über die Felswand stürzt. Am besten tun Sie das vom pittoresken Insider Tipp *Grotto La Froda* aus *(Nov.–April geschl.* | *Tel. 09 17 54 11 81* | *€).*

Ganz zuhinterst, in *San Carlo,* können Sie zu einem Ausflug ins

Im Bavonatal gibt es abseits der bekannten Ziele noch romantische Orte zu entdecken

Hochgebirge starten: Eine *Seilbahn (Tel. 09 17 56 66 77)* führt Sie von Juni bis Oktober in den *Talkessel von Robiei* (1891 m), der im Gegensatz zum Tal völlig technisiert ist: Eine Reihe von Stauseen illustriert, worin der ökonomische Nutzen des Berggebiets liegt. Der Ausflug nach Robiei lohnt sich trotzdem – wegen des herrlichen Anblicks des vergletscherten *Basodino* (3274 m), den alpinistisch Erfahrene auch besteigen können.

In *Sabbione* ca. 4 km nordwestlich von Bignasco finden im Insider Tipp *Campo Nomade (Tel. 09 17 51 71 88 | www.camponomadeprimaverile.ch)* des Künstlers Franco Lafranca von Frühling bis Herbst kulturelle Aktivitäten statt, z. B. Konzerte oder Kurse im Bronzeschmelzen.

**BOSCO GURIN** **[116 A1]**

Dunkel und demütig gruppieren sich die Häuser von Bosco Gurin (1503 m, 93 Ew.) 15 km westlich von Cevio an den Südhang – um möglichst viel Sonne zu erhaschen. Ein eindrucksvolles Bild haarscharf am Limit, wo menschliche Siedlungen in der rauen Bergwelt noch Bestand haben können. Das am höchsten gelegene permanent bewohnte Dorf im Tessin ist das einzige, in dem offiziell Deutsch gesprochen wird – Bosco Gurin *(www.bosco-gurin.ch)* wurde von aus dem Wallis eingewanderten Walsern im 13. Jh. gegründet. Noch heute trägt ein Großteil der Einheimischen den Walser Namen Tomamichel. Die Geschichte des Bergvolks ist im *Museo Walser (April–Okt. Di–Sa 10 bis 11.30 und 13.30–17, So 13.30–17 Uhr | www.walserhaus.ch)* dokumentiert. Lohnend ist ein Rundgang im Dorf – die aneinander gebaute Stallreihe am Westrand der Siedlung hat die Funktion eines Lawinenschutzes.

Der Walserort ist im Sommer ein guter Ausgangspunkt für Wanderungen, u. a. für Passüberquerungen hinüber ins Piemont. Im Winter hat sich der Ort zu einer festen Institution des Tessiner Schneesports gemausert. Ob Snowboarding *(www.intolsnowpark.com)*, Langlauf oder klassisches Skifahren, wer gerne der Hektik der großen Skiorte entflieht, findet hier eine geruhsame Winteroase. Es fährt auch ein Bus frühmorgens ab Locarno, der die Skiausflügler am selben Tag zurückbringt. Das *Panoramarestaurant* empfängt auf der Grossalp (2000 m, Sessellift) die Sonnenhungrigen. Im Dorf steht das ganzjährig geöffnete *Hotel Walser (12 Zi. | Tel. 09 17 59 02 02 | Fax 09 17 59 02 03 | www.hotel-boscogurin.ch | €€)*.

## VERZASCATAL (VAL VERZASCA)

**[117 E–F 1–3] Dieses smaragdgrüne Wasser! Es macht aus diesem engen Tal mit den gewaltigen, drohend wirkenden Felswänden eine spektakuläre, anziehende, unverfälschte Naturschönheit.** Der Einstieg ins Verzascatal lässt solches nicht vermuten: Die 220 m hohe Talsperre oberhalb von Gordola begrenzt einen Stausee, in dem mehrere Dörfer „ertränkt“ wurden. Doch weiter hinten hat das Tal seine schlichte Schönheit behalten, die einen Besuch in jedem Fall lohnt – möglichst an einem Wochentag, da im Sommer an schönen Wochenenden der Ausflugsverkehr dem Tal die Ruhe nimmt.

## SEHENSWERTES

### CORIPPO

Minisiedlung eng aneinandergebauter Steinhäuser in der vorderen Talhälfte, die wegen ihrer architektonischen Einheit unter Heimatschutz steht.

Stein um Stein: Das Dorf Corippo mit seinem einheitlichen Ortsbild steht unter Schutz

### PONTE DEI SALTI

Sie ist eine der Ikonen der Tessiner Tourismuswerbung und das vielleicht meistfotografierte Objekt der Tessiner Alpen überhaupt: die mittelalterliche Steinbrücke, die bei *Lavertezzo* im unteren Talabschnitt in zwei leicht geschwungenen Bogen die Verzasca überspannt.

### SANTA MARIA ASSUNTA

Eine Entdeckung im Dorf *Brione:* Obwohl das Tal abgelegen und schwer erreichbar war, wurde schon im 13. Jh. diese Kirche mit wertvollen Fresken erbaut.

### SENTIERO PER L'ARTE

Eine innovative Aufwertung des rechtsufrigen Talwanderwegs: Entlang des 4,5 km langen Abschnitts zwischen Lavertezzo und Brione haben 21 Künstler auf dem herrlichen, leicht zu begehenden Weg 30 Skulpturen und Installationen geschaffen, die nun erwandert werden können. Die Natur hat sich inzwischen einen

Teil der Kunstwerke bereits durch Verwitterung zurückerobert. Dauer der Wanderung: etwa zweieinhalb Stunden.

## ESSEN & TRINKEN

### GROTTO OSTERIA AL BIVIO

Unmittelbar unterhalb des Dörfchens Corippo. Berauschender Blick in die Schlucht der Verzasca, dazu herzhafte Polenta mit *brasato. Mi und Nov.–März geschl. | Vogorno-Corippo | Tel. 09 17 46 16 16* | €

### GROTTO AL PONTE

Direkt an der berühmten Brücke bei *Lavertezzo* liegt dieses Grotto im lauschigen Schatten. An den Steintischen lässt sich vorzüglich Tessiner Aufschnitt genießen, im Ohr das Rauschen der Verzasca. *Mai–Okt. tgl. | Tel. 09 17 46 12 77* | €

## EINKAUFEN

### PRO VERZASCA

In *Sonogno* führt die Handwerkervereinigung Pro Verzasca ein Geschäft, in dem örtliches Kunsthandwerk sowie handgesponnene Wolle verkauft werden. *April–Okt. tgl. 10–17 oder 18 Uhr | www.verzasca.com*

### KATHRIN RÜEGG

Im Dorf *Gerra* lebt die umstrittene Aussteigerin mit dem Pseudonym Kathrin Rüegg, die mit romantisch-verklärten Büchern über das ländliche Tessin großen Erfolg erzielte. Sie beschwor dabei ein armes, bäuerliches, naives Tessin, was viele Tessi-

## > BÜCHER & FILME

**Literarisches und Dokumentarisches zum Tessin**

- **Das Klappern der Zoccoli** – Dieses anregende Lesebuch, herausgegeben von Beat Hächler, versammelt 35 literarischen Touren, geschrieben von 26 Deutschschweizer Schriftstellern und Journalisten: sehr individuelle Beschreibungen von Wanderungen, Dörfern und Landschaften im Tessin.
- **Fest in Rima** – Plinio Martini, Liebhaber und Kenner des Maggiatals, zeichnet in seinem Werk ein präzises Bild der Tessiner Tälerkultur.
- **Ein Frühling im Tessin** – Christine Brückners amüsanter Roman über den Versuch, mit einem Tessinurlaub eine Ehe zu retten.
- **Stella und andere Tessiner Erzählungen** – Die Geschichten von Aline Valangin erzählen nüchtern und realistisch vom Leben in einem Tessiner Bergdorf.
- **Mein Name ist Eugen** – Die preisgekrönte Buchverfilmung (2005) von Michael Steiner beschreibt das Abenteuer zweier junger Ausreißer, die im Tessin zahlreiche Abenteuer erleben.
- **Lago Maggiore** – Die zweiteilige WDR-Produktion entführt Sie in die Welt am Lago Maggiore und beschreibt die Pracht- und Schattenseiten des 60 km langen Sees. Die Doku wurde von Arte gesendet.
- **100 Prozent Schokolade** – Die Arte-Dokumentation von Regisseurin Maren Niemeyer erinnert an Glanzzeiten und Verfall der einst imposanten Schokoladenfabrik Cima Norma im Bleniotal.

ner verärgerte. Rüegg bietet u. a. Kochkurse an und verkauft in ihrem Geschäft *El Boteghin (Nov.–März geschl. | www.kathrin-ruegg.de)* Kunsthandwerk.

## ÜBERNACHTEN

### ALPINO

Schönes Haus mit Pergolagarten im Talschluss in Sonogno, wo es am ruhigsten ist. Familiäre Atmosphäre. *8 Zi. | Sonogno | Tel. 09 17 46 11 63 | Fax 09 17 46 10 17 | €*

### OSTERIA VITTORIA

Nur einen Steinwurf vom Ponte dei Salti von Lavertezzo entfernt ein renoviertes, altes Tessiner Haus mit rustikalem Interieur, einfachen Zimmern und aufmerksamen Gastgebern. Gutes Restaurant – die *piccata al Marsala* zergeht auf der Zunge. *9 Zi. | Lavertezzo | Tel. 09 17 46 15 81 | Fax 09 17 46 10 08 | €€*

## FREIZEIT & SPORT

### FLUSSBADEN UND TAUCHEN ★

Das Verzascatal ist das Mekka der Taucher und Sonnenbader. Die pittoresken Formen, die der Fluss in sein Gneisbett geschliffen hat, bilden eine einzigartige Unterwasserwelt. Allerdings: Der lieblich dahinfließende, harmlos scheinende Fluss birgt tödliche Gefahren. Unterirdische Abflüsse verursachen auf kleinster Distanz variierende, kaum wahrnehmbare Sogverhältnisse. Wer in einen Strudel gerät, hat meist keine Chance, wieder herauszukommen. Jedes Jahr sterben mehrere Menschen in der Verzasca. Das Gleiche gilt für Sonnenbadende: Die geschliffenen Steine sind glatt. Wer am falschen Ort ausrutscht und ins Wasser fällt, schwebt in Lebensgefahr. Die Behörden des Verzascatals haben die Unfallprävention in den letzten Jahren verstärkt.

Die Verzasca: smaragdgrünes Wildwasser zwischen glatt geschliffenen Gneisbrocken

## AUSKUNFT

*6598 Tenero | Tel. 09 17 45 16 61 | Fax 09 17 45 42 30 | www.tenero-tourism.ch*

# > SCHICKE GRANDEZZA, GRÜNE IDYLLE

Die reiche und selbstbewusste Stadt Lugano überrascht mit ihrem wildromantischen Hinterland

**> Wer den Monte Ceneri überquert, der das Tessin in eine nördliche und eine südliche Hemisphäre teilt, tritt in eine neue Welt. Die Landschaft wird sanfter, die Felsen machen (mitunter allerdings steilen) Hügeln Platz, die brachialen Granittäler des Nordens weichen den filigraneren, in weicheres Gestein gefressenen *valli* des Südens.**

Italien wird greifbar. Und man merkt auf Schritt und Tritt, dass man ins Einzugsgebiet der wichtigsten Tessiner Stadt, Lugano, gerät. Die Talböden sind immer dichter mit Industrieanlagen bebaut, bald kommen Wohnblöcke ins Blickfeld, welche die Schlafstädte des Ballungsgebiets ankündigen. Lugano ist das unbestrittene Zentrum des Tessins – und die Luganesen wissen es. Sie tragen die schicke Grandezza gerne zur Schau.

Wer das Luganese aber mit dem urbanen Ambiente Luganos gleichsetzt, greift zu kurz. Das Tessin hat

Bild: Sant'Abbondio in Gentilino

# LUGANESE

auch hier Überraschungen parat: Man braucht kaum eine halbe Stunde, um vom internationalen Bankenplatz Lugano etwa ins wilde, grüne Idyll des Malcantone einzutauchen.

## LUGANO

KARTE IN DER HINTEREN UMSCHLAGKLAPPE

[121 D1] **Wer während der Mittagsstunde in Luganos Zentrum flaniert, begreift sofort: Hier, in der Regina del Ceresio (Königin des Luganer Sees), wie sich Lugano gerne nennt, weht italienischer Geist.** Die Stadt, die mit den Randgemeinden 80 000 Ew. zählt, gibt sich elegant, mondän, souverän, selbstbewusst. Dass man in Lugano (272 m) so selbstverständlich mit Superlativen umgeht, erstaunt nicht: Die südexponierte Lage an der geschwungenen Seebucht zwischen den Hausbergen San Salvatore und Brè sucht ihresgleichen. Ein Cappuccino in einem Straßencafé an der zentralen Piazza della Riforma gehört zum Schönsten, was das Tessin zu bieten hat. Wenn die Bergkuppen schon oder noch Schnee tragen, kann man an Luganos Piazza

Lugano liegt südexponiert an einer geschwungenen Bucht des Sees

getrost die Ärmel hochkrempeln. Diese außergewöhnliche Lage war seit jeher ein Magnet für Vermögende – die zahlreichen prunkvollen Villen und Palazzi verleihen der Stadt eine gewisse Grandezza.

## SEHENSWERTES

### ALTSTADT

Wer mit dem Zug nach Lugano reist, hat Gelegenheit, buchstäblich in die Stadt einzutauchen: Der Bahnhof liegt nämlich hoch über der Altstadt. Die altertümlich wirkende Standseilbahn *(funicolare)* führt von dort hinunter auf die Piazza Cioccaro, ins Herz der verkehrsfreien Altstadt. Eine lohnende Alternative ist ein kurzer Spaziergang auf den Zickzackgässchen hinunter in die City.

### MUSEO D'ARTE MODERNA (VILLA MALPENSATA)

Das Museum für moderne Kunst in der stattlichen Villa Malpensata an der Uferpromenade glänzt alljährlich durch große Ausstellungen berühmter Maler. *Nur während der Wechselausstellungen Di–So 10–18 Uhr | Riva Caccia 5 | www.mdam.ch*

### MUSEO CANTONALE D'ARTE

Sehenswerte Kunstsammlung einheimischer und ausländischer Künstler aus dem 19./20. Jh. *Di 14–17, Mi–So*

*10–17 Uhr | Via Canova 10 | www.museo-cantonale-arte.ch*

Insider Tipp

**MUSEO DELLE CULTURE EXTRAEUROPEE**

Außergewöhnliche, bedeutende ethnologische Sammlung. Das Künstlerpaar Serge und Graziella Brignoni hat rund 600 meist aus Holz gefertigte Kult- und Kunstgegenstände aus Ozeanien, Indonesien und dem westlichen Afrika zusammengetragen. *Di–So 14–19.30, 1. Sa im Monat bis 22 Uhr | Via Cortivo 24 | Lugano-Castagnola*

**MUSEO DOGANALE SVIZZERO**

Das skurrile Zollmuseum begeistert (nicht nur) junge Detektive: Die ehemalige Grenzwachtkaserne ist nur mit dem Schiff erreichbar, die Ausstellungen sind als moderne Erlebniskultur inszeniert. *März–Okt. tgl. 13.30–17.30 Uhr | Cantine di Gandria gegenüber von Gandria, Schiff um 13 Uhr ab Lugano-Giardino und Lugano-Centrale*

**PARCO TASSINO**

Erhabener, ruhender Pol inmitten hektischen Verkehrs: Der Tassinopark liegt auf einer Anhöhe oberhalb des Bahnhofs und ist zu Fuß problemlos erreichbar. Schöne Aussicht auf den See. *Via Tassino*

**SAN LORENZO**

Von der Terrasse bei der Kathedrale San Lorenzo mit ihrer prunkvollen Fassade aus dem 16. Jh. blickt man über die Dächer Luganos. *Auf dem Weg zwischen Bahnhof und Altstadt | Via Borghetto 1*

**VILLA CIANI UND PARCO CIVICO**

Die klassizistische Villa beherbergt das Kunstmuseum der Stadt Lugano *(Museo Civico di Belle Arti Villa Ciani | Di–So 10–12 und 14–18 Uhr)* mit permanenten Sammlungen (15. bis 20. Jh.) und Sonderausstellungen. Zur Erholung lädt der öffentliche Park am Seeufer vor dem Haus.

## ESSEN & TRINKEN

**AL PORTONE**

Absolute Meisterschaft der italienischen Küche, serviert in elegantem Ambiente. *So/Mo geschl. | Viale Cassarate 3 | Tel. 09 19 23 55 11 | €€€*

**GROTTO DELLA SALUTE**

Insider Tipp

Versteckt in einem Wohnviertel im Vorort Massagno. Modernisierter Grotto, aber mit Stil; mehrstöckige Gartenterrasse und ausgezeichnete Küche. Luganeser treffen sich hier zum Mittagessen. *Sa/So geschl. | Via dei Sindacatori 4 | Massagno | Tel. 09 19 66 04 76 | €€*

## MARCO POLO HIGHLIGHTS

★ **Piazza della Riforma**
Hier pulsiert das Leben Luganos (Seite 70)

★ **Monte Arbostora**
Der grüne Hügel bei Carona hält eine barocke Kostbarkeit versteckt (Seite 71)

★ **Hesse-Museum**
Die Reverenz seiner Wahlheimat Montagnola an den Dichter (Seite 71)

★ **Parco Scherrer**
Extravagante Kunstsammlung im Traumdörfchen Morcote (Seite 75)

### SANTABBONDIO
Martin Dalsass ist seit Langem der aufregendste Koch im Tessin. Gourmets dürfen sich seine Wirkungsstätte oberhalb von Lugano in Sorengo nicht entgehen lassen. *So/Mo geschl. | Via Fomelino 10 | Sorengo | Tel. 09 19 93 23 88* | €€€

### LA TINÈRA
Die sichere Adresse im Zentrum, *cucina italiana* ohne Fehl und Tadel. *So geschl. | Via dei Gorini 2 | Tel. 09 19 23 52 19* | €

### TEA ROOM VANINI
Hier sitzen sie alle, Touristen und Einheimische, Jung und Alt. Kaffee und Kuchen beim renommiertesten Tessiner Chocolatier an der sonnigen Piazza: Das gehört einfach dazu. *Tgl. | Piazza della Riforma 1*

## EINKAUFEN

### FRÜCHTE- UND GEMÜSEMARKT
Die *Piazza della Riforma* verwandelt sich zweimal wöchentlich in einen stimmungsvollen Marktplatz. *Di und Fr 8–12 Uhr*

### VIA NASSA/VIA PESSINA
Die parallel zur Seepromenade verlaufende Via Nassa ist die schickste Shoppingpromenade des Tessins. Der Hit ist der farbige Kulinarientempel von *Lino Gabbani* an der Via Pessina. Insider Tipp Ein halbes Dutzend Läden in einem Umkreis von wenigen Schritten um die Piazza Cioccaro befriedigen jeden Wunsch – in der *Bottega del Vino* tauchen Sie ab ins Reich des Merlot, bei *Il Fornaio* duften Ihnen phantasievolle Brote entgegen, in der *Bottega del Formaggio* tummeln Sie sich in der unendlichen Welt des Käses.

## ÜBERNACHTEN

### HOTEL FIGINO
Insider Tipp

Ein Juwel in schöner Lage, zehn Autominuten von Lugano im Dörfchen Figino. Die herrschaftliche Villa ist keine Jugendherberge alten Zuschnitts, sondern ein preiswertes Ho-

Im Delikatessentempel von Lino Gabbani geht es (nicht nur) um die Wurst

tel, sehr geeignet für Familien mit Kindern. Fünf Minuten vom See, großzügiges Gelände mit Grillplätzen, gute Küche und ein Hexenhäuschen, das den Nachwuchs aus dem Häuschen bringt. *15 Zi. | Nov.–Mitte März geschl. | Via Casoro 2 | Tel. 09 19 95 11 51 | Fax 09 19 95 10 70 | www.youthhostel.ch/figino* | €

**DU LAC**

Der äußerlich etwas lieblos wirkende Kastenbau in Luganos Nachbargemeinde Paradiso direkt am See täuscht: Im gepflegten Inneren kommt der rührige Besitzer Corrado Kneschaurek jedem Wunsch nach. Das Du Lac gehört überdies zu den Tessiner Spitzenreitern in Sachen Ökologie. *53 Zi. | Jan./Feb. geschl. | Riva Paradiso 3 | Tel. 09 19 86 47 47 | Fax 09 19 86 47 48 | www.dulac.ch* | €€€

**MONTARINA**

Ein preisgünstiges (in Lugano!), einfaches Haus mit hübschem Palmengarten nur einen Katzensprung vom Bahnhof entfernt. *44 Zi. | Via Montarina 1 | Tel. 09 19 66 72 72 | Fax 09 19 66 00 17 | www.montarina.ch* | €–€€

**STELLA GARNI**

Kleines, unscheinbares Haus mit persönlichem Charme und aufmerksamem Service, sehr geeignet auch für Alleinreisende und Familien nur ein paar Schritte vom Bahnhof. *17 Zi. | Jan. geschl. | Via Borromini 5 | Tel. 09 19 66 33 70 | Fax 09 19 66 67 55 | www.hotel-stella.ch* | €€

**WALTER AU LAC**

Traditionsreiches Haus an der Seepromenade im Zentrum. Unlängst renoviert, reichhaltiges Frühstücksbuffet. *37 Zi. | Feb. geschl. | Piazza Rezzonico 7 | Tel. 09 19 22 74 25 | Fax 09 19 23 42 33 | www.walteraulac.ch* | €€–€€€

## FREIZEIT & SPORT

**SKATEPARK ▶▶**

Beim Stadion Cornaredo treffen sich die coolen Skater auf schnellen Bahnen, dekoriert von jungen Kunstsprayern aus der Schweiz und Italien. *Tgl. 8–22 Uhr | Via Trevano | www.lugano.ch/sport*

## AM ABEND

**CASINÒ**

Das gepflegte Abendvergnügen nach gesitteter helvetischer Art – sauber, nett und nur ja nicht übertreiben. Dazu gehören ein Kino, Slotmachines und ein ★ Restaurant mit phantastischem Seeblick. *Tgl. 12–4 Uhr | Via Stauffacher 1 | www.casinolugano.ch*

### OFFICINA DELLA BIRRA ▶▶

Einer der heißesten Schuppen der Luganeser Nachtwelt im Industrievorort Bioggio. Häufig Konzerte, die allerdings nicht immer dem Mainstream huldigen. Ungezwungene, junge Atmosphäre. *So geschl. | Osteria Dolfini | Via Cademario | www.officinadellabirra.ch*

### PIAZZA DELLA RIFORMA ★

Die Piazza della Riforma an der Seepromenade ist das Herz der Stadt – hier trifft man sich, nicht nur Touristen, sondern auch die Einheimischen. Am Mittag Businesspeople, am Abend die Jugend. Im *Sass Café* sitzen Sie in der Lounge bei exzellentem Wein in der ersten Reihe. In der Saison finden oft hochkarätige Open-Air-Konzerte statt. Im Sommer wird die Uferpromenade am Abend für den Verkehr gesperrt: Am Lungolago gibts deshalb allabendlich ein Happening der Skater, Biker und Flaneure.

### SEERUNDFAHRT BY NIGHT

Die *crociera serale* verlässt Lugano um 21 Uhr und legt um 22.45 Uhr wieder an – dazwischen kann man dinieren, tanzen oder sich einfach den nächtlichen Seewind durch die Haare säuseln lassen. *Juli/Aug. tgl. bei schönem Wetter | Tel. 09 19 71 52 23 | www.lakelugano.ch*

### TITANIC

Die größte Disko im Tessin, im Vorort *Pambio-Noranco,* am Wochenende oft gerammelt voll. Unter der Woche auch *ballo liscio* (Gesellschaftstänze), sonst eher für Jüngere. *www.discotitanic.com*

## AUSKUNFT

*Palazzo Civico, Riva Albertolli | 6901 Lugano | Tel. 09 19 13 32 32 | Fax 09 19 22 76 53 | www.lugano-tourism.ch*

## ZIELE IN DER UMGEBUNG

### CAMPIONE D'ITALIA [121 D2]

Campione d'Italia, in Sichtweite von Lugano am gegenüberliegenden Ufer des Luganer Sees gelegen, gehört zu Italien, ist aber von Italien ausschließlich über schweizerischen Boden erreichbar. Berühmt ist Campione wegen seines Spielkasinos. Der Protzbau von Architekt Mario Botta *(tgl. 12–5, So bis 6 Uhr)* ist Campiones Lebensader: 500 Angestellte finden hier ihr Auskommen.

Überdies hat Campione auch für Kulturbewusste eine Attraktion, die grandios gelegene Kirche *Madonna dei Ghirli* mit ihren mittelalterlichen Fresken. Campione erreicht man per Schiff ab Lugano oder mit dem Auto über den Damm von Melide; Grenzformalitäten gibt es nicht. *www.campioneitalia.com*

### GANDRIA [121 D1]

Das ehemalige Fischerdörfchen Gandria (292 m, 220 Ew.) kuschelt sich wenige Kilometer östlich von Lugano am Fuß des Monte Brè spektakulär ans Ufer des Luganer Sees. Erreichbar ist es in einer zweistündigen, einfachen Uferwanderung ab Lugano sowie per Bus oder per Schiff.

### MONTAGNOLA UND GENTILINO [120 C2]

Hermann Hesse könnte sich hinsetzen und schreiben: Brille, Tisch und Schreibmaschine stehen bereit im kleinen, liebevoll gestalteten Museum in der Torre Camuzzi im Dörfchen Montagnola wenige Kilometer südlich, wo Hesse fast 43 Jahre lang lebte. Hier schuf der 1962 verstorbene Nobelpreisträger seine bedeutendsten Werke. Das ★ *Hesse-Museum (März–Okt. tgl. 10–18.30, Nov. bis Feb. Sa/So 10–17.30 Uhr | www.hessemontagnola.ch)* erfreut sich großer Beliebtheit und ist zum Kulturtreffpunkt mit Wechselausstellungen und Lesungen geworden. Eingerichtet wurde überdies ein landschaftlich reizvoller *Hermann-Hesse-Weg,* auf dem Sie die sogenannte *Collina d'Oro,* den privilegiert gelegenen Goldhügel, erkunden können. Schlusspunkt des Spaziergangs ist die aus dem 14. Jh. stammende Kirche *Sant'Abbondio* in *Gentilino* mit einer herrlichen Zypressenallee. Auf dem Friedhof liegt Hesse begraben. Insider Tipp

Wer sich verköstigen will: Ausgerechnet im steinreichen Dorf Gentilino finden sich in der *Via dei Grotti* Insider Tipp einige der stimmungsvollsten Tessiner Grotti, etwa das *Figini (Mo geschl. | Tel. 09 19 94 64 97 | €€)* oder der *Grotto al Bosco (Di geschl. | Tel. 09 19 94 67 76 | €€).* Die Alternative mit vielen Einheimischen findet sich in Montagnola: *Grotto Circolo Sociale* Insider Tipp *(Mi geschl. | Via Canvetti | Tel. 09 19 94 69 19 | €)*

**MONTE ARBOSTORA ★** [120 C2]

Ausgangspunkt ist das romantisch gelegene Dörfchen *Carona* 8 km südlich auf dem Bergrücken des Monte San Salvatore. Ab Carona kann man das weitläufige, sanft gewellte Waldgebiet des Arbostorahügels in ausgedehnten Spaziergängen oder per Mountainbike (auch für Anfänger geeignet) erkunden. Glanz-

Museo Hesse in Montagnola: Arbeitsplatz eines Nobelpreisträgers

punkte sind der *botanische Park San Grato* und die Wallfahrtskirche *Madonna d'Ongero*. Der in einer Waldlichtung etwa zehn Fußminuten von Carona gelegene Sakralbau zählt zu den eindrucksvollsten barocken Kunstdenkmälern im Tessin. Exzellent speisen und romantisch übernachten können Sie in der familiären *Villa Carona (18 Zi. | Dez./Jan. geschl. | Tel. 09 16 49 70 55 | Fax 09 16 49 58 60 | €€€)*.

**MONTE BRÈ** **[121 D1]**
Der Monte Brè (925 m) ist der eine Hausberg Luganos. Sie erreichen ihn per Drahtseilbahn ab Lugano-Cassarate. Vom Gipfel, wo mehrere Restaurants warten, schöner Blick in die Alpen. Ein lohnender Spaziergang führt hinunter ins hübsche Bergdörfchen Brè. Eine gute Adresse für Übernachtung oder Einkehr ist die *Osteria Monti (3 Zi. | Di-Mittag und Mo sowie Dez.–Feb. geschl. | Tel. 09 19 71 57 51 | www.monte-bre.ch | €)*.

**MONTE SAN SALVATORE** **[121 D2]**
Luganos spektakulärerer, zweiter Hausberg (912 m), erreichbar per Drahtseilbahn ab Lugano-Paradiso. Traumhafte Rundsicht! *www.montesansalvatore.ch*

## > LOW BUDGET

- > Sightseeing gratis: Lugano bietet kostenlose geführte Citytouren durchs Stadtzentrum und auf den Monte Brè. *www.lugano-tourism.ch*
- > Mit dem Lugano Regional Pass & Prova Arcobaleno können Sie für 108 Franken eine Woche lang alle Regionalzüge und -busse und viele Seilbahnen im Luganese sowie die Schiffe der Luganer Seeschifffahrt benutzen. *www.utpt-ticino.ch*
- > Luganer Festivals zum Nulltarif: Das *Estival-Jazz Lugano (www.estival.ch)* im Juni/Juli, *Blues to Bop (www.bluestobop.ch)* Ende August und die Musikwochen *Ceresio Estate (www.lugano.ch)* von Juli bis September kosten alle drei keinen Eintritt.

# MALCANTONE

**[120 B–C 1–2]** **Grün, wohin das Auge blickt: Der Malcantone, das hügelige Hochland im Westen Luganos, wird zu Recht als grüne Lunge bezeichnet.** Er umfasst als wichtigste Dörfer Agno, Arosio, Miglieglia, Novaggio und Sessa. In diesem fast unerschöpflichen Wandergebiet sind die Landschaftsformen sanfter und lieblicher als nördlich des Monte Ceneri. Ab Mitte des 19. Jhs. bis vor dem Zweiten Weltkrieg wurde, namentlich bei Sessa und Astano, fleißig nach Gold, Silber und Blei geschürft. Ein kleines *Museum (Ca dü Lol | Mai–Okt. Sa/So 16–18 Uhr)* mit Goldschürfinstrumenten befindet sich in Sessa.

## SEHENSWERTES

**MAGLIO D'ARANNO**
Ein Industriedenkmal besonderen Werts: Es handelt sich um die letzte erhaltene Hebelhammerschmiede der Schweiz – einen Schmiedehammer also, der mit Wasserkraft betrieben wird. Die Schmiede von Aranno war noch bis Mitte des 20. Jhs. in Betrieb. Der Maglio d'Aranno am Bett des Flüsschens Magliasina ist auf gut

# LUGANESE

Ein Plätzchen im Himmel: Restaurant auf dem Monte Brè

ausgeschilderten Wegen ab den Dörfern Aranno, Miglieglia oder Novaggio zu erreichen. *März–Okt. Di–So 10–17 Uhr*

### PARCO NATURALE MONTE CASLANO

Ausgezeichneter, interessanter Naturlehrpfad (Broschüre im Verkehrsbüro) um und über den Monte Caslano, den markanten Hügel, der beim Dorf Caslano in den Luganer See hinausragt. 600 Pflanzen-, davon 150 Moos- und Flechtenarten.

### ZOO AL MAGLIO

Der einzige Tierpark im Tessin mit Löwen, Tigern, Kleintieren, Affen und exotischen Vögeln, gelegen im Dorf *Magliaso. April–Okt. tgl. 9–19, Nov.–März 10–17 Uhr | www.zooalmaglio.ch*

## ESSEN & TRINKEN

### GROTTO FONTI

Beliebtes Ausflugslokal am Monte Lema in Seilbahnnähe von Miglieglia. Seine Spezialitäten sind Huhn im Korb und Wildgerichte. Gutes Preis-Leistungs-Verhältnis. *Di geschl. | Tel. 09 16 06 52 00* | €€

## EINKAUFEN

### PONTE TRESA

Der Grenzort Ponte Tresa ist zweigeteilt – es gibt einen Ortsteil auf der Tessiner und einen auf der italienischen Seite des Flüsschens Tresa. Der Zollübergang befindet sich auf der Brücke. Im italienischen Teil findet jeden *Samstag (8–18 Uhr)* ein farbiger *Markt* statt.

## ÜBERNACHTEN

### I GRAPPOLI

Insider Tipp

Eigentlich das Feriendorf einer Deutschschweizer Gewerkschaft, hat es heute die altbackene Staubigkeit weitgehend abgelegt und ist eine empfehlenswerte Adresse für Familien geworden. Herrliche, ruhige Lage nahe beim hübschen Dorf *Sessa,* großer Garten mit Schwimmbad. Auch einfache Bungalows. *33 Zi. | Nov.–Feb. geschl. | Tel. 09 16 08 11 87 | Fax 09 16 08 26 41 | www.grappoli.ch* | €€–€€€

**KURHAUS CADEMARIO**

Schon der Blick heilt Sie: traumhafte Sicht vom Balkon des Malcantone in *Cademario* hinunter nach Lugano. Das traditionelle Kurhaus hat sich zum Wellnesshotel mit römischem Bad gewandelt. *123 Zi. | Tel. 09 16 10 51 11 | Fax 09 16 10 51 12 | www.swisswellnesshotel.com* | €€€

Insider Tipp **SAN MICHELE**

Engagiert geführtes, schönes Haus in *Arosio* mit einzigartigem Blick über den Malcantone, unkomplizierte Stimmung. Das San Michele hat sich mit Blues- und Rockkonzerten einen Namen als Kulturtreffpunkt gemacht. Vorzügliches Restaurant. *11 Zi. | Nov. geschl. | Tel./Fax 09 16 09 19 38 | www.sanmichele.ch* | €€€

Insider Tipp **TENUTA VALLOMBROSA**

Ein Traum im Grünen 10 km südwestlich von Lugano. Hier entspannen sich Familien, Wanderer und Biker in modern-herrschaftlicher Atmosphäre. Auf diesem Gut wurden vor 100 Jahren die ersten Tessiner Merlotrebstöcke gepflanzt. *7 Apartments | Nov.–Feb. geschl. | Castelrotto | Tel. 07 94 49 36 54 | Fax 09 16 08 13 03 | www.vallombrosa.ch* | €€€

## FREIZEIT & SPORT

**SENTIERO DELLE MERAVIGLIE**

Herrlich gelegener Erlebnis- und Lehrpfad in den Wäldern des Malcantone. Ausgangspunkt ist die Ortschaft *Novaggio*. 13 Schautafeln geben Einblick in die Zeit des 19. Jhs., als man hier nach Erzen und Metallen suchte. Bei Miglieglia gibt es Schlossruinen, die Kinder zum Versteckspiel anregen. Dauer der Wanderung vier bis sechs Stunden.

**STRADA VERDE** [114 B–C1]

Auf der „grünen Straße“ – ein Wanderweg, keine Autoroute – lernen Sie den Malcantone am besten kennen: Sie spüren die auch im Sommer kühlen Winde, Sie riechen die würzigen Düfte, Sie fühlen das hügelige Gelände. Die Strada Verde ist als Rundwanderweg zwischen Arosio, Mi-

## > TESSINDERBY IM EISHOCKEY

*Ambrì–Lugano: das Duell Bergwelt gegen Bankenstadt*

Die Leidenschaften der Tessiner auf sportlichem Gebiet sind Eishockey und das Duell zwischen den Mannschaften aus dem Leventiner Dorf Ambrì-Piotta und der Stadt Lugano, die beide zur helvetischen Elite gehören. Ambrì und Lugano verkörpern auf dem Eis einen der prägendsten Gegensätze der Tessiner Gesellschaft – zwischen den armen, kargen Nordtessiner Tälern (Ambrì-Piotta) und der reichen, protzenden Wirtschaftsmetropole (Lugano). Das Duell hat sogar eine politische Konnotation: Ambrì *(www.hcap.ch)* steht für linke Solidarität, Lugano *(www.hclugano.ch)* für kapitalistische Macht. Ein Derby der beiden Teams ist ein Erlebnis – besuchen Sie ein Spiel, wenn Sie Gelegenheit dazu haben. Die Saison dauert von September bis April, über die Spieldaten informieren Plakate und die Tessiner Tageszeitungen.

glieglia, Novaggio und Sessa konzipiert – einsteigen können Sie in praktisch allen Dörfern des Malcantone, und dank verschiedener Querverbindungen können Sie sich Ihre Route individuell zusammenstellen. Der Verkehrsverein Malcantone in Caslano hält Kartenmaterial bereit.

Im Malcantone, der grünen Lunge des Tessins: Wälder, Wein und Wanderwege

## AUSKUNFT

*Piazza Lago | 6987 Caslano | Tel. 09 16 06 29 86 | Fax 09 16 06 52 00 | www.malcantone.ch*

# MORCOTE

[120 C3] **Das Bilderbuchtessin schlechthin, millionenfach fotografiert – und doch immer wieder umwerfend schön: Das lang gestreckte, kleine und dank seiner stolzen Architektur doch stattliche Morcote (271 m, 650 Ew.) klebt unten auf Seehöhe am Fuß des üppig bewaldeten Arbostorahügels an der Spitze der Ceresiohalbinsel.** Die Arkaden und die schmalen, kopfsteingepflasterten Gassen verleihen dem Dörfchen mediterranen Charme. Schmerzhaft für den malerischen Ort ist einzig der erhebliche Autoverkehr, der sich in der Saison durch die schmale Straße drängt – dabei wäre die Tour von Lugano um den Arbostorahügel eine der wenigen wirklich mühelosen Fahrradstrecken des Tessins. *www.promorcote.ch*

## SEHENSWERTES

**PARCO SCHERRER ★**

Einmaliges Panoptikum architektonischer und biologischer Exotik: Der

Textilkaufmann Arturo Scherrer (1881–1956) sammelte auf seinen Reisen die verrücktesten Kunstgegenstände – vom siamesischen Teehaus bis zum Tempel der Nofretete – und brachte sie in seinem subtropisch bewachsenen Park unter. *März–Juni und Sept./Okt. tgl. 10–17, Juli/Aug. 10–18 Uhr*

## ÜBERNACHTEN

**CARINA CARLTON**

Eine Perle direkt am Ceresio. Das hübsche, luxuriöse Dreisternehotel besticht insbesondere durch den idyllischen Garten mit beheiztem Pool sowie die Nähe zum See. *Nov.–Feb. geschl.* | *Tel. 09 19 96 11 31* | *www.carina-morcote.ch* | €€

## AM ABEND

**LA PICCIONAIA**

Elegante Diskothek, Cabaret und Pianobar bieten hier je nach Wochentag ein Programm für jeden Geschmack und jede Generation. *Tgl. 22–5 Uhr* | *www.lapiccionaia.com*

# TESSERETE

[118 A5] **Entspannung für Augen, Körper, Seele: Der Ort Tesserete (529 m, 1300 Ew.), in einem Talboden der Val Capriasca über der Stadt Lugano gelegen, ist einer der privilegiertesten Ferienstandorte des Tessins.** Sein großes Plus: Man erreicht zwar in kürzester Zeit die Luganeser City, genießt aber dennoch die ruhige und frische Atmosphäre des Bergtals.

## SEHENSWERTES

**CONVENTO DEL BIGORIO** Insider Tipp

Das erste Kapuzinerkloster der Schweiz, 1535 gegründet. Der spirituelle Ort, herrlich gelegen in den Kastanienwäldern oberhalb von Tesserete, glänzt durch eine traumhafte Fernsicht. Ein kleines *Museum (April bis Okt. So 14.30–17 Uhr oder n. V.* | *Tel. 09 19 43 12 22* | *www.bigorio.*

Im Parco Scherrer von Morcote: tropische Pflanzen, Tempel und Teehäuser

*ch)* gibt einen Einblick ins Leben der Kapuziner.

## ESSEN & TRINKEN

### SAN MATTEO

Spitzenküche in der Provinz: In *Cagiallo,* gleich bei Tesserete, werden Sie mit kreativer *cucina italiana* überrascht – beispielsweise mit einer herbstlichen Rote-Bete-Terrine. Nur abends geöffnet! *So/Mo geschl. | Tel. 09 19 43 51 97 | €€€*

## ÜBERNACHTEN

### STAZIONE TESSERETE

Unscheinbares, in langer Familientradition geführtes Haus, das es in sich hat – vor allem für Kinder. Der Spielplatz ist eine Wucht. Mit speziellen Familienzimmern. *8 Zi. | Tel. 09 19 43 15 02 | Fax 09 19 43 55 69 | www.besomi-stazione.ch | €€*

## AUSKUNFT

*Piazzale Stazione | 6950 Tesserete | Tel. 09 19 43 18 88 | Fax 09 19 43 42 12 | tesserete@lugano-tourism.ch*

## ZIELE IN DER UMGEBUNG

### GOLA DI LAGO [118 A5]

Wer Frösche quaken und Kühe muhen hören und dazu gemütlich ein Picknick verzehren will, der ist hier richtig. Die kleine Hochebene im Sattel zwischen Tesserete und der benachbarten Val d'Isone steht als Moorlandschaft unter Naturschutz. Seine Schönheit (und automobile Erreichbarkeit) hat das Gebiet zu einem bevorzugten sommerlichen Wochenendausflugsziel der Luganeser gemacht. Sie haben daher mehr Genuss, wenn Sie unter der Woche hochfahren. Dann allerdings empfiehlt sich vorher ein Anruf beim Militär *(Tel. 09 18 69 29 17)* – denn Gola di Lago dient auch der schweizerischen Armee als Schießplatz.

### SANT'AMBROGIO [118 A5–6]

Die neoklassizistische Kirche in *Ponte Capriasca* enthält einen kunsthistorischen Schatz: eine gut erhaltene Kopie des „Abendmahls", eines großen Werks von Leonardo da Vinci (Original in Mailand).

### VALCOLLA [118 A–B5] Insider Tipp

Die ab Tesserete nur 10 km lange Valcolla bietet Ihnen wegen ihrer verwinkelten Geografie eine wahrhaft abenteuerliche Rundfahrt (die trainierte Bergfahrer als Herausforderung auch auf dem Rad annehmen können). Nehmen Sie in Cagiallo die Talstraße Richtung Maglio di Colla und schrauben sich einfach bis nach *Bogno* hoch – hier sind Sie am Kopf des Tals. Eine Ruhepause im romantischen *Grotto dal Magnan (Mo und Feb. geschl. | Tel. 09 19 44 15 96 | €)* drängt sich auf.

Die Rückfahrt auf dem Panoramaweg Richtung Colla, Corticiasca und Bidogno ist ein herrlicher Nachmittagsgenuss: Hoch über dem Tal steuern Sie zurück nach Tesserete. Oder Sie bleiben gleich über Nacht: In *Bogno* führt Marcello Brissoni ein Haus *(Locanda San Lucio | 12 Zi. | Jan./Feb. geschl. | Tel. 09 19 44 13 03 | Fax 09 19 44 16 57 | €€),* in dem Sie sich ganz der Faulenzerei hingeben können – bis es Sie wieder in den Beinen juckt und Sie sich aufs Mountainbike schwingen. Feines Restaurant, exzellenter Weinkeller.

# > UNGESCHMINKTER CHARME DER LOMBARDEI

Zwischen den letzten Zacken der Alpen ein Stück Tessin, das ganz auf touristische Wimperntusche verzichtet

**> Im Mendrisiotto, dem südlichsten Zipfel des Tessins, der wie ein Keil in die Lombardei hineinragt, machen die Berge dem lombardischen Hügelland Platz. Sie finden hier ein Tessin mit stark lombardischem Einschlag und untouristischer Echtheitsgarantie.**

Und trotz stellenweise starker Zersiedlung der gewachsenen Kulturlandschaft: Ganz unerwartet, hinter Ecken und Kurven, eröffnet das Mendrisiotto seinen Besuchern auch immer wieder landschaftliche und kulturelle Kleinode.

## MENDRISIO

[121 D4] **Zugegeben: Mendrisio (354 m, 6100 Ew.), weltberühmt wegen seiner Osterprozessionen mit 500 Statisten in historischen Kostümen, macht es Ortsunkundigen nicht ganz einfach, zu seinen charmantesten Winkeln vorzudringen.** Dort aber, im mittelalterlichen *borgo,*

Bild: Riva San Vitale

# MENDRI SIOTTO

im Ortskern, beeindruckt das Städtchen mit lombardischem Ambiente. Abends kann man sich in den schmalen Gassen zwischen den kompakt gebauten, mächtigen Häusern schon mal ein paar Jahrhunderte zurückversetzt fühlen. Die Eröffnung der Architekturakademie 1996 hat Mendrisio Auftrieb gegeben – Studentinnen und Studenten verleihen dem geschichtsträchtigen Städtchen einen frischen, unverbrauchten Zug.

## SEHENSWERTES

### ARCHITEKTURAKADEMIE

Das ehemalige Spital Alfonso Turconi an der gleichnamigen Straße ist seit 1996 Sitz der Architekturakademie. Seinem Erbauer ist im Innenhof ein Denkmal gewidmet, errichtet von Vincenzo Vela. 500 Studentinnen und Studenten hängen hier an den Lippen von Architekturkoryphäen wie Mario Botta und Aurelio Galfetti. *Via Turconi* | *www.arch.unisi.ch*

### MUSEO D'ARTE

Kunstmuseum in ehemaligem Kloster des Servitenordens. Ausgestellt sind Tessiner Künstler; regelmäßig interessante Sonderausstellungen. *Di–Fr 14–17, Sa/So 10–12 und 14 bis 18 Uhr | Piazza San Giovanni | www.mendrisio.ch*

„Schweiz und Italien" in Chiassos Bahnhof

### STADTZENTRUM MENDRISIO ★

Hoch spannend ist es, in Mendrisio im Umkreis weniger Hundert Meter den architektonischen Bemühungen um die Bildung eines Stadtzentrums nachzuspüren. Unübersehbar und erhaben thront die aus dem 19. Jh. stammende Pfarrkirche *Santi Cosma e Damiano* mitten im Städtchen an der Piazza del Ponte. Mächtig wirkt die Kuppel, edel das Innere des neoklassizistischen Bauwerks. Im Norden der zentralen Piazza del Ponte befindet sich der *mittelalterliche historische Kern,* im Süden desselben Plätzchens breitet sich das Viertel aus dem 17. und 18. Jh. aus – der *Corso Bello,* die fast etwas großspurig wirkende, breite Fußgängerpassage. Und westlich der Piazza del Ponte, an der Via Lavizzari, ragt der modernste Komplex in die Luft: Mario Bottas Kreation *Piazzale alla Valle,* ein etwas künstlich und kühl wirkender Stadtplatz, umrahmt von Geschäften.

## ESSEN & TRINKEN

### GROTTO BUNDI

Wer die Tessiner Küche kosten will, ist hier bestens aufgehoben. Die ★ *Via alle Cantine* liegt im Norden des Städtchens. Ein liebevoll gestalteter Vorratskeller steht am anderen – die meisten von ihnen sind heute Grotti mit Bewirtung. Im Bundi erhalten Sie die unverwechselbare Polenta, die mit Engelsgeduld über dem Feuer geköchelt wurde. *Mo geschl. | Via alle Cantine 24 | Tel. 09 16 46 70 89 | €€*

### GROTTO EREMO DI SAN NICOLAO

Insider Tipp

Gönnen Sie sich ein unvergessliches Erlebnis bei Salorino hoch über Mendrisio: Nehmen Sie die schmale Straße, die auf den Monte Generoso führt, bis rund 2 km hinter dem Dörfchen Somazzo. Über einem klaffenden Abgrund, beim Kirchlein des Eremiten Sankt Nikolaus aus Bari, lädt dieser Grotto zu Polenta und *brasato. Mo, im Winter auch Di geschl. | Tel. 09 16 46 40 50 | €*

### TEA ROOM FILOSOFO

Genehmigen Sie sich während des Spaziergangs durch Mendrisios Fußgängerzone hier ein *gelato* oder ein Stück Kuchen – schon wegen der exklusiven Dachterrasse. *Via Pontico Virunio*

**STAZIONE**
Das Bahnhofsrestaurant als Adresse für Feinschmecker? Von außen ein liebloser Dutzendbau, beginnt man erst mit dem Blick in den Speisesaal zu glauben, dass hier tatsächlich überdurchschnittlich gut gekocht wird. *So geschl. | Piazza Stazione | Tel. 09 16 46 22 44* | €€

## EINKAUFEN

**FOXTOWN**
Das Einkaufsparadies für Schnäppchenjäger: 130 Geschäfte verkaufen hier Topmode für Damen, Herren und Kinder, Sportartikel und Accessoires. Die Preise liegen 30 bis 70 Prozent unter dem üblichen Niveau. *Tgl. 11–19 Uhr | Via Angelo Maspoli, ab Autobahnabfahrt Mendrisio ausgeschildert | www.foxtown.ch*

## ÜBERNACHTEN

**MILANO**
Die beste Adresse im bescheidenen Hotelangebot der Stadt, gegenüber dem Bahnhof. Funktional und ohne Schnickschnack. *25 Zi. | Piazzale Stazione | Tel. 09 16 46 57 41 | Fax 09 16 46 17 64* | €€

**SPORT**
Hat nichts mit Fitness zu tun, eher mit Geschichte. Der modern eingerichtete Kleinbetrieb liegt im historischen Zentrum. *9 Zi. | Piazza Fontana 2 | Tel. 09 16 46 15 60 | Fax 09 16 46 38 33* | €

## AUSKUNFT

*Via Angelo Maspoli | 6850 Mendrisio | Tel. 09 16 46 57 61 | Fax 09 16 46 33 48*

## ZIELE IN DER UMGEBUNG

**CHIASSO** [121 D–E4]
Das wenige Kilometer südlich gelegene Chiasso (237 m, 8000 Ew.) verströmt den geschäftigen Charme eines Grenzstädtchens – viel Verkehr, Smog, lieblos hingeklotzte Büro- und Lagerhäuser. Die unzähligen Tankstellen illustrieren, worauf die Region um Chiasso seit Jahrhunderten baut: auf den kleinen Grenzverkehr. Heute sind es oft Benzintouristen, die je nach Kurs von hüben nach drüben pendeln. Chiasso ist aber auch der Ort heimlicher, manchmal dunkler Geschäfte: In der Region konzentrieren sich drei Goldschmelzen. Sehenswert ist das faszinierende Theatergebäude des *Cinema Teatro (Via Verdi)*: 1935 erbaut, ist es schonend renoviert und ohne die architektonische Substanz anzugreifen in ein modernes Kulturzentrum umgewandelt worden.

## MARCO POLO HIGHLIGHTS

★ **Muggiotal**
Ein kleines Juwel mit archaischen Bauwerken (Seite 83)

★ **Monte Generoso**
Ein famoser Blick nach Mailand (Seite 82)

★ **Stadtzentrum Mendrisio**
Mittelalterlicher Städtebau und Moderne nach Mario Botta (Seite 80)

★ **Via alle Cantine**
Mendrisios antike Vorratskeller sind heute heimelige Grotti (Seite 80)

Die beste Adresse der Gegend für Anspruchsvolle und Weinliebhaber, 2 km oberhalb von Chiasso in *Vacallo,* ist das *Conca Bella (So/Mo geschl. | Via Concabella 2 | Tel. 09 16 97 50 40 | Fax 09 16 83 74 29 | www.concabella.ch | €€€),* das auch 17 Zimmer vermietet (€€). Wer nach einem heißen Sommertag Abkühlung sucht, ist in der *Locanda degli Eventi (Sa-Mittag und Mo geschl. | Tel. 09 16 83 00 13 | www.locandadeglieventi.ch | €€€)* im Grünen zwischen Coldrerio und Novazzano richtig: Tische unter einem Holzdach im Freien, falls ein Gewitter droht. Phantasievolle italienische Küche. Jeden Tag ein vegetarisches Menü, daneben imposante Pizzen oder delikate Pasta bietet das *La Meridiana (Mo geschl. | Via San Gottardo 102 | Tel. 09 16 83 50 29 | €)* im mit Chiasso fast zusammengewachsenen *Balerna.*

Insider Tipp

## > LOW BUDGET

- Monte Generoso all inclusive: Jeden Samstag findet auf dem Aussichtsberg ein *Tessiner Abend* statt: Im Preis von 55 Franken sind Anfahrt, Buffet, Getränke und ein Besuch der Sternwarte enthalten. *www.montegeneroso.ch*
- Eine professionell geführte Nordic-Walking-Tour auf dem „Smaragdweg" von Genestrerio kostet nur 5 Franken. *www.mendrisioturismo.ch*
- Klein, fein und sehr preisgünstig ist das Bed & Breakfast von *Marisa Viviani-Chinotti (Tel. 09 16 84 18 23 | keine E-Mail)* in Cabbio oben im Muggiotal. Die Übernachtung gibt es schon ab 35 Franken pro Person.

Alternatives, ungezwungenes, sehr sympathisches Ambiente: Große Familien mit Kindern schieben die Tische zusammen für die ausgelassene *cena,* daneben diskutieren Kulturträger ihre neuesten Projekte.

### COMO [121 E5]

Das dürfen Sie keinesfalls auslassen: eine Spritztour hinunter nach Como. Die Stadt in schöner Lage am See hat viel zu bieten – und sei es nur einen richtigen italienischen Cappuccino an der Piazza am See. Und vergessen Sie nicht: Como ist die Stadt der Seide, Sie finden in den zahlreichen Boutiquen unvergleichliche Foulards. *Di, Do (8.30–13 Uhr)* und *Sa (8.30–18 Uhr)* ist in Como *Markttag.*

### LIGORNETTO [121 D4]

Im Dorf Ligornetto (359 m), keine 5 km von Mendrisio, befindet sich eine Kunstsammlung von nationaler Bedeutung: das *Museum (Mitte März bis Mitte Nov. Di–So 10–17, Juni bis Sept. bis 18 Uhr | Largo Vela | www.museo-vela.ch),* das dem Werk der berühmten Bildhauerfamilie Vela gewidmet ist. Bekanntester Exponent war Vincenzo Vela (1820–1891). Einmalig ist das Museum, weil das Werk der Vela vom Entwurf bis zum Endprodukt verfolgt werden kann.

### MONTE GENEROSO ★ [121 D3]

Auf dem südlichsten Tessiner Panoramaberg (1701 m) kann man sich fast schwindlig schauen. Eine Zahnradbahn führt von *Capolago* aus in knapp dreiviertelstündiger Fahrt hoch auf den Gipfel. Oben kann man mit den Italienern picknicken oder im Restaurant zu Tisch gehen. Wer sich

Minidorf im Minital: Cabbio/Valle di Muggio

nicht satt sehen kann, darf auch übernachten *(Albergo-Ristorante Vetta | 8 Zi., 5 Schlafsäle | €).*

Astronomiefans können sich im *Planetarium* in die galaktische Welt vertiefen. Abenteuerlustige setzen sich für die Rückfahrt nicht in die Bahn, sondern auf den Fahrradsattel (die Generosobahn vermietet abfahrtstaugliche Räder). Eine hübsche Variante für Wanderer: Fahren Sie in die selten besuchte, schmugglerromantische *Valmara* oberhalb von Maroggia, übernachten im *Hotel La Pignatta (5 Zi. | Tel. 09 16 49 74 05 | Fax 09 16 49 35 39 | www.pignatta.ch | €–€€)* in *Arogno* und wandern am nächsten Tag den spektakulären Aufstieg auf den Generoso. Alle Infos über den Monte Generoso: *Tel. 09 16 30 51 11 | www.montegeneroso.ch*

**MUGGIOTAL (VALLE DI MUGGIO)** ★ [121 E3–4]

Das südlichste Juwel des Tessins: Das Minital, nur knapp 10 km lang, ist eine wohltuende Gegenwelt zur dröhnenden Geschäftigkeit im Grenzgebiet. Das kleine Tal, dessen Terrassenlandschaft bei schrägem Lichteinfall markante Konturen zeichnet, beherbergt einen einmaligen Schatz bäuerlicher Architektur: Die speziellen geologischen und klimatischen Verhältnisse in der Valle di Muggio haben die Bauern zu innovativen Schritten gezwungen. Im Karstgebiet des Monte Generoso versickerte das Wasser zu schnell für eine effektive Landwirtschaft. Die Bauern ersannen Spezialkonstuktionen, etwa aus Schieferstein gebaute Schneekeller zur Lagerung von Milchprodukten, sogenannte *nevere.* Ein außergewöhnliches *Freiluftmuseum* erschließt dieses heute nicht mehr genutzte Kulturerbe: Mehr als ein Dutzend Objekte – Bauernhöfe, Mühlen, Brennöfen – sind restauriert und mit einem ausgeschilderten Wanderweg verbunden worden. Informationen dazu im ethnografischen Museum *Casa Cantoni (März–Okt. Di–So 14–17 Uhr | www.mevm.ch)* in Cabbio.

Sie finden im Tal auch eine außergewöhnliche Adresse zum Essen und Übernachten: Im Dörfchen *Sagno* (Abzweigung am Ortsausgang von Morbio Superiore beachten!) hat eine Kooperative in ameisenhafter Emsigkeit ein kleines Idyll aufgebaut: *Ul* Insider Tipp

*Furmighin* („die Ameise") pflegt die gesunde, rustikale Tessiner Küche und bietet Ihnen ein Bett in traumhafter Lage, hoch auf dem Balkon über dem Mendrisiotto mit freiem Blick nach bella Italia *(6 Zi. | Di und Jan. geschl. | Tel. 09 16 82 01 75 | Fax 09 16 82 01 76 | Furmighin.valledimuggio.ch | €).*

# MONTE SAN GIORGIO

[120–121 C–D3] **Der Monte San Giorgio (1100 m) ist mehr ein bewaldeter Hügel als ein Berg, der trotzig zwischen den beiden Armen des Luganer Sees ruht.** An seinen Abhängen nisten außergewöhnlich schöne Dörfer, und von seinen Anhöhen gibt er exquisite Blicke in die Alpenkette frei. Außerdem ist er eine bedeutende Fossilienfundstelle – siehe hierzu Kapitel „Mit Kindern reisen".

## SEHENSWERTES

### MERIDE

Insider Tipp

Die kompakte, verschachtelte Siedlung (579 m, 300 Ew.) am sonnigen Südhang des San Giorgio ist unbedingt besuchenswert. Etwas südlich des Dorfs, bei Arzo, steht ein exklusiver Steinbruch, aus dem der rote Marmor stammt, der etwa im Dom von Mailand verbaut wurde.

### PINACOTECA ZÜST

Der Basler Mäzen Giovanni Züst vermachte seine Kunstsammlung dem Kanton Tessin. Tessiner und norditalienische Künstler ab dem 17. Jh. *Di–So 9–12 und 14–17, Aug. bis 18 Uhr | Rancate*

# > BLOGS & PODCASTS

*Gute Tagebücher und Files im Internet*

> *www.lago-maggiore-urlaub.de* – ein Reiseportal mit zahlreichen touristischen Informationen zum Lago Maggiore. Im Blog tauschen Leserinnen und Leser persönliche Erfahrungen und Fotos aus.

> *www.de.wordpress.com/tag/tessin* – dieser Weblog versorgt alle am Tessin Interessierten mit einer breiten Palette an Informationen. Die Beiträge beschränken sich nicht auf Reise, Natur und Kultur, sondern berichten auch über Immobilien, Märkte, Recht und aktuelle Themen. Weitere Beiträge finden Sie, wenn Sie in der URL „tessin" durch „ticino" ersetzen.

> *www.radiotour.ch* – Sendungen der „Radio-Tour" vom Schweizer Rundfunk sind hier abrufbar, darunter auch stimmungsvolle Berichte aus der Welt der Tessiner Täler. Meist werden die Texte allerdings auf Schweizerdeutsch vorgetragen.

> *www.drs.ch* – Einen Einblick in die Politik und das aktuelle Geschehen im Tessin verschaffen die Podcasts der langjährigen Radiosendung „Echo der Zeit" des Schweizer Radios DRS.

Für den Inhalt der Blogs & Podcasts übernimmt die MARCO POLO Redaktion keine Verantwortung.

**RIVA SAN VITALE**

Riva San Vitale (276 m, 2300 Ew.), am Fuß des Monte San Giorgio am Südende des Luganer Sees gelegen, beherbergt den ältesten Sakralbau der Schweiz. Das *Baptisterium San Giovanni* ist um das Jahr 500 entstanden. Das Taufbecken, in einen Findling gehauen, hat imposante Ausmaße. *Tgl. 8–18 Uhr | Via Settala*

## ESSEN & TRINKEN

Insider Tipp **GROTTO GRASSI**

Eines der letzten echten Grotti, das der Kommerzialisierung hartnäckig trotzt. Außerhalb des Dörfchens *Tremona* in einem Kastanienwäldchen, genießen Sie hausgemachte Salami in leutseliger Atmosphäre am Rand zweier Bocciabahnen. *Im Sommer Mo, sonst Mo–Mi geschl. | Tel. 07 93 53 94 04 | €*

## ÜBERNACHTEN

**ALBERGO AL TORCHIO**

Die Pizzeria (hausgemachte Pasta) mit Übernachtungsmöglichkeit in Arzo ist ein kinderfreundlicher Ort mit allem, was es braucht. *5 Zi. | Mo geschl. | Tel. 09 16 46 49 94 | Fax 09 16 30 22 83 | www.torchioantico.ch | €€€*

## ZIEL IN DER UMGEBUNG

**SERPIANO** [120 C3]

Sonnenterrasse hoch über dem Luganer See mit herrlicher Aussicht. Erreichbar ist der Flecken mit einem Seilbähnchen ab dem romantischen Dörfchen Brusino Arsizio. Dort oben dürfen Sie den halbstündigen Fußweg hinüber zur Insider Tipp *Alpe di Brusino* nicht auslassen, um im dortigen *Grotto (abends und Mitte Okt.–März geschl. | Tel. 09 19 96 13 32 | €)* mit Polenta vom Kamin einzukehren. Unter 1000-jährigen, knorrigen Kastanienbäumen bestellen Sie ein Stück Brotkuchen und schlürfen eine *gazzosa – bellissimo!* Das Wellnesshotel *Serpiano (130 Zi. | Dez.–Feb. geschl. | Tel. 09 19 86 20 00 | Fax 09 19 86 20 20 | www.serpiano.ch | €€€)*, ein unansehnlicher Kasten in herrlicher Umgebung auf der Aussichtsterrasse bei Serpiano, empfiehlt sich für einige Tage aktiver Erholung.

1500 Jahre alt ist das Baptisterium San Giovanni in Riva San Vitale

# > GENIALE BAUMEISTER UND BRACHIALE STEINKULTUR

Moderne Architektur und jahrtausendealte Steine: zwei Tagestouren

*Die Touren sind auf dem hinteren Umschlag und im Reiseatlas grün markiert*

## 1 ARCHITEKTUR-TOUR VON BELLINZONA NACH MENDRISIO

**Es ist ein Tessin abseits der Touristenorte, das Sie auf dieser 80-km-Tagestour von Bellinzona nach Mendrisio kennenlernen. Führen lassen Sie sich durch die Architektur, die wichtigste Kulturform im Tessin. Sie besuchen ausgefallene Bauten der bekanntesten „neuen Tessiner Architekten", ohne dafür ein Architekturfreak sein zu müssen. Besonders empfehlenswert ist der Ausflug im Winter, wenn die laublosen Bäume die Sicht auf die Gebäude freigeben. Im Sommer hingegen können Sie am Beginn der Tour baden gehen: Erstes Ziel ist ein Schwimmbad.**

Das **Bagno Pubblico** am Stadtrand von **Bellinzona** *(S. 30)*, wo neben rasenden Autos gemächlich der Ticino dahinfließt, fällt sofort auf: Man betritt das Bad nicht ebenerdig, sondern steigt von oben hinab über einen Steg, der Stadtzentrum und Naherho-

Bild: Architekturakademie Mendrisio

# AUSFLÜGE & TOUREN

lungsgebiet miteinander verbindet. Mit diesem Bauwerk, das ein Architektenteam um Aurelio Galfetti 1970 entwarf und damit landesweit Furore machte, begann, was heute gerne als „neue Tessiner Architektur“ bezeichnet wird, auch wenn dieser Begriff umstritten ist. Neu am Schwimmbad war, dass die Architekten nicht ein isoliertes Bauwerk schufen, sondern mit ihm einen Zusammenhang zur Umgebung herstellten. Aurelio Galfetti realisierte später in Bellinzona weitere Epoche machende Gebäude – etwa die markante **Post** *(Viale Stazione 18)* nahe dem Bahnhof. Mit der Renovierung der mittelalterlichen **Burg Castelgrande** erlangte er Weltruhm.

Ein außergewöhnliches Beispiel, wie ein architektonisches Konzept den Lebensraum aufwerten kann, lernen Sie auf dem nächsten Etappenziel kennen. Sie fahren auf der

Hauptstraße Richtung Locarno nach **Monte Carasso.** Das Dorf drohte zum planlos ausufernden Schlafort zu werden, wie es sie im Tessin zu Dutzenden gibt. Doch die Gemeinde bewies Mut: Sie beauftragte Luigi Snozzi in den späten Achtzigerjahren, ein Ortszentrum zu schaffen. Dem Architekten gelang ein großer Wurf. Er vereinigte Alt und Neu auf progressive Art, indem er ein Augustinerinnenkloster aus dem 15. Jh. restaurierte, die Dorfschule hineinsetzte und das Ganze mit einer Piazza, die zum Zentrum des Dorflebens werden sollte, ergänzte. Rundherum gruppierte er markante Neubauten. Das geplante Zentrum lebt – wie frappierend der Unterschied zu früher ist, dokumentieren Schautafeln vor Ort. Snozzi, der zahlreiche Wettbewerbe im In- und Ausland gewann, aber nur wenige seiner Entwürfe realisieren konnte, gehört zu jenen Tessiner Architekten, die sich gegen die bürgerliche Gesellschaft auflehnten und deshalb nur mit Mühe öffentliche Aufträge erhielten. Wenn es auch formal keine einheitliche Tessiner Architektur gibt, stimmen die Südschweizer Baumeister in einem überein: Sie wenden sich gegen unkontrolliert wachsende Siedlungen, gegen die Zerstörung der Tessiner Dörfer und Städte – größtenteils allerdings ohne Erfolg.

Das nächste Ziel liegt bereits südlich des Monte Ceneri. Sie überqueren den Pass auf der Kantonsstraße und fahren Richtung Lugano durchs Vedeggiotal, das durch viele Industriebauten entstellt ist. Die schönen Dörfchen kleben abseits der Straße an den Hängen. Ihre Kirchtürme sind schon von weitem sichtbar. In **Torricella,** einem Vorort von Lugano, biegen Sie zu den properen Einfamilienhäuschen ab, wo sofort ein markanter Betonwürfel mit einer Kuppel auffällt: die **Casa Tonini** *(Via Sottochiesa),* konzipiert von den beiden Tessiner Architekten Bruno Reichlin und Fabio Reinhart. Das Einfamilienhaus, 1974 erbaut, ist ein architektonisches Kultobjekt. In mittelalterlicher Tradition verfügt es über einen kreuzförmigen Grundriss und eine perfekte Symmetrie – die Baumaterialien sind allerdings die modernen.

Danach geht es zurück ins Tal und auf der gegenüberliegenden Seite gleich wieder hoch durch dunklen Kastanienwald: In **Origlio,** das auf einer kleinen Hochebene liegt, lässt sich am hübschen Natursee gut zu Mittag essen im *Al Lago (Tel. 09 19 45 13 33 | €€).* Insider Tipp Daneben ist der Ort ein typisches Beispiel eines Tessiner Dorfs: hier ein alter Dorfkern, in dem die Häuser dicht aneinander gebaut sind, damit sie sich im Sommer Schatten und im Winter Wärme spenden, dazwischen enge, gepflasterte Gässchen. Und dort ein Wildwuchs von Villen samt Vorgärten – eine Bauweise, die weder auf Land- noch Nachbarschaft Rücksicht nimmt.

Doch auch hier gibt es Entdeckungen: Richtung Lugano fahrend, erspäht man oberhalb des Landgasthofes Deserto die **Casa Delorenzi** (erbaut 1982): zwei runde Betonsockel, darauf je ein Würfel, beide Elemente durch eine mit Glas überdachte, halbrunde Metallkonstruktion miteinander verbunden – voilà: ein unverkennbares Werk des Stars unter den Tessiner Architekten, Mario Botta.

Banca del Gottardo in Lugano: auch architektonisch eine Kathedrale des Geldes

Botta *(www.botta.ch)* ist das Aushängeschild der neuen Tessiner Architektur. Er baut in Tel Aviv, Tokio und San Francisco und als beinahe Einziger auch während der Rezession in seiner Heimat. Botta ist derart omnipräsent, dass er sich den Vorwurf gefallen lassen muss, seine Werke seien beliebig. Doch tut man dem Baumeister unrecht, wenn man nur seine späten Bauten betrachtet – für sein Frühwerk geht es deshalb weiter in den Süden. Sie lassen Lugano links liegen, obwohl Botta hier gezeigt hat, dass er keine Berührungsängste mit dem Establishment kennt und mühelos für eine Großbank einen Baukoloss, die **Banca del Gottardo** *(Viale Franscini 8)* hinstellen kann.

Sie wechseln auf die Autobahn und bewegen sich für einige Kilometer auf einem für die Tessiner Architektur prägenden Bauwerk: Das 120 km lange Straßenstück zwischen Airolo und Chiasso stammt zum größten Teil von Rino Tami. Der verstorbene Altmeister hat versucht, Galerien, Tunnel und Viadukte in die Natur einzupassen. Bei der Ausfahrt Melide können Sie eines seiner **Tunnelportale** betrachten, eine aus dem Berg ragende Nase.

Ab hier fahren Sie weiter auf der Kantonsstraße über den berühmten Seedamm. Vor Mendrisio biegen Sie ab nach **Stabio.** An der *Via Ponte di Mezzo 3/4* leuchten Ihnen schon von weitem die gelben Zacken der **Primarschule** entgegen. Tita Carloni, der sie 1974 baute, war der Lehrmeister Bottas und wurde dank seinem Können zu einer Art Tessiner Architekturgewissen. Etwas außerhalb des Dorfs mit den typischen dreistöckigen, eng aneinandergeschmiegten Häusern treffen Sie auf dasjenige Gebäude, das Mario Botta Anfang der Achtzigerjahre bekannt gemacht hat: die **Casa Rotonda** *(Via Pietane 12)*. Der aus Sichtmauerwerk und Zementstein angefertigte Turmbau ist so charakteristisch, dass die umliegenden Schachtelhäuser verblassen.

Heute ist der „Meister des Lichtes und des Raumes" genannte Architekt eine Instanz. Nur dank seinem Einsatz entstand 1996 in **Mendrisio** *(S. 78)* – dem Ziel der Tour – eine **Architekturakademie** *(Via Turconi)*. Mit ihrem ganzheitlichen, interdisziplinären Anspruch – Gastdozenten sind auch Philosophen und Ökologen – hebt sich die Akademie vom technokratischen Einschlag vieler Architekturfakultäten ab. Die ehemals provozierenden jungen Tessiner Baukünstler sind heute die Lehrmeister der angehenden Architekten: Aurelio Galfetti war erster Direktor der Akademie, Mario Botta ist Dozent und treibende Kraft, und Tita Carloni hat das ehemalige Spital in ein Universitätsgebäude umfunktioniert.

## 2 STEIN- UND WASSERWELTEN IM MAGGIATAL

**Der Abbau des Rohstoffs Stein gehört zu den urtümlichsten Tessiner Industriezweigen. Und das Wasser ist der wertvollste Rohstoff des Kantons. Diese Tour, bequem im Auto, für Sportliche auch auf dem Rad zu bewältigen, führt knapp 50 km von Locarno hinauf ins Tal**

Bei Ponte Brolla hat die Maggia natürliche Badepools in den Stein gefressen

**der Maggia, wo Sie eine strahlend weiße Überraschung aus Stein erwartet. Für den Ausflug sollten Sie sich einen Tag Zeit lassen – zumal zahlreiche Badeplätze locken. Im Tourismusbüro in Maggia (S. 59) sind Faltblätter zu den zahlreichen Naturlehrpfaden rund um das Thema „pietra viva" – Grotti, Brunnen, Steinbrüche, Treppen, Brücken oder Keller – erhältlich.**

Die Fahrt zu Wasser und Stein beginnt in **Locarno** *(S. 51)*. Sie nehmen die Hauptstraße Richtung Valle Maggia. Den ersten Halt machen Sie nach nicht einmal 5 km in **Ponte Brolla** *(S. 56)*. Die Maggia hat dort eine tiefe Schlucht in den Fels gefressen. Normalerweise fließt sie heute friedlich durch diesen klaffenden Engpass, im Hochsommer kann man sogar hineinschwimmen. Aber es braucht nur ein paar Regentage, und die Maggia tost als brausende, alles zermalmende Gewalt durch die Felsen. Ist die Maggia zahm, finden Sie unzählige herrliche Badeplätze am Fluss, etwa in **Avegno** sowie in **Maggia** und **Giumaglio** jeweils mit tosendem Wasserfall.

Folgen Sie dem Wegweiser Richtung Cevio, und fahren Sie durch das vorerst breite Maggiatal knapp 20 km bis **Riveo.** Riesige Haufen von Felsbrocken türmen sich hier am Rand der Straße. Dieser Ort zeigt auch, warum dem Maggiatal die Bezeichnung *pietra viva,* lebendiger Stein, als Slogan dient: Das Tal ist zum Themenpark der Steinkultur geworden. Die Wunden in den senkrechten Steinwänden zeugen davon, wie die Menschen dem Berg den wertvollen Rohstoff Stein abtrotzen. Steinbruchunternehmen gewinnen hier Gneis, den man an seiner schwarz-weiß-grauen Streifenstruktur erkennt. Gneis heißt im Tessin *beola* oder *bevola* und lässt sich im Gegensatz zu Granit leicht in bis zu 3 cm dünne Platten spalten.

Die Fahrt geht weiter nach **Cevio.** Im Zentrum, beim **Muso di Valmaggia** *(S. 57),* beginnt ein 45-minütiger *Naturlehrpfad* Insider Tipp zum Thema Grotti. Er führt zwischen den Blöcken eines großen Felssturzes hindurch. Hier wird gezeigt, dass ein Grotto ursprünglich kein gemütliches Restaurant im Freien war, sondern eine Vorratskammer unter Felsbrocken, wo die unterirdische Luftzufuhr die Lagerräume für Käse und Wein kühl hielt.

Zurück auf der Hauptstraße, fahren Sie via Bignasco Richtung Fusio. Die Straße beginnt zu steigen, aber die herrlichen Flecken, die dazu einladen, sich auf einem Fels der Sonne entgegenzustrecken und die Füße ins Kristallwasser der Maggia baumeln zu lassen, werden nicht weniger. Ab dem hübschen Ort Prato Sornico wirds gebirgig und steil. In **Peccia** fallen Ihnen bestimmt die Skulpturen aus herrlichem weißem Marmor auf. Hier ist eine *Bildhauerschule* Insider Tipp ansässig, die auch für Anfänger Kurse anbietet *(Scuola di Scultura | Tel. 09 17 55 13 04 | www.marmo.ch | man spricht auch Deutsch)*. Der edle Rohstoff ist nicht weit: Biegen Sie in Peccia Richtung Piano di Peccia ab, und lassen Sie Ihr Auto im Dörfchen stehen. Eine kurze Wanderung führt Sie entlang eines romantischen Flüsschens zum **Steinbruch der Cristallina SA** *(Führungen auf Anfrage | Tel. 09 17 55 12 21 | www.natursteine-wuest.ch)*. Glänzend weiß ist der Marmor, den der Berg hier preisgibt – ein unvergesslicher Anblick.

# EIN TAG IM TESSIN

Action pur und einmalige Erlebnisse.
Gehen Sie auf Tour mit unserem Szene-Scout

## WACHMACHER

9:00

Der Tag beginnt im Stehen. In der *Confetteria Aanser-Marnin SA* einen starken Kaffee und ein süßes Teilchen ordern und schmecken lassen. Dabei das frühe Treiben draußen auf der Straße beobachten. **WO?** *Via Cantonale | Vira | Tel. 09 17 95 14 27*

10:00

## UNTERWASSERTOUR

Die Tiefen des Lago Maggiore wollen erkundet werden. Also Taucherbrille auf, Sauerstoffflasche anlegen und rein ins kühle Nass. Mit einem Tauchguide des *Trekking Teams* gehts zu einem geheimnisvollen Schiffswrack. Superspannend! **WO?** *San Nazzaro | Anmeldung einen Tag vorher unter Tel. 09 17 80 78 00 | Kosten: ab 100 Franken | www.trekking.ch*

## LIANEN LOS!

12:30

Beim Tarzaning im Seilpark von Gordola werden die Urinstinkte geweckt. Einfach von Baum zu Baum schwingen und der Schwerkraft ein Schnäppchen schlagen. **WO?** *Parco Avventura Gordola | Via Tratto di Fondo 2 a | Tel. 09 17 45 22 28 | Kosten: 25 Franken | www.adventurepark.ch*

14:00

## ESSENSZEIT

Die Verschnaufpause verbringt man am besten im idyllischen *Grotto La Baita*. Unter der Pergola an einem der urigen Steintische Platz nehmen und italienische und traditionelle Tessiner Gerichte schlemmen. Ein Muss ist die Polenta in allen Variationen, z. B. mit Gorgonzola oder Pilzen. Tipp: dazu eines der täglich frischen Fischgerichte bestellen. **WO?** *Grotto La Baita | Magadino/Orgnana | März–Okt. geöffnet | Tel. 09 17 80 43 43 | www.baita.ch*

# 24 h

## PROBEZEIT

16:00

Vom kleinen Weinstock bis hin zur fertigen Flasche: Pier Maran kennt seinen Merlot, als wäre es sein bester Freund. Deshalb lädt er auch in die Weinkellerei *Matasci* ein. Bei einer Führung erfahren Interessierte alles über Herstellung, Lagerung und Geschmack. Doch es bleibt nicht bei trockener Theorie. Natürlich darf man die edlen Tropfen auch probieren. **WO?** *Matasci Vini | Via Verbano 6 | Tenero | Anmeldung 3 Tage vorher unter Tel. 09 17 35 60 11 | www.matasci-vini.ch*

18:00

## VOGELPERSPEKTIVE

Beim Schnupperflug wirkt das atemraubende Panorama der Tessiner Täler noch intensiver, und der Flug über den Lago Maggiore eröffnet neue Sichtweisen. Schnell noch die Aussicht genießen, dann heißt es selbst an den Steuerknüppel und bei der Flugtaufe sanfte Kreise über die Berge ziehen. **WO?** *Aero Locarno SA | Aeroporto Cantonale | Gordola | Kosten: Flugtaufe 10 Min. 99 Franken | www.aerolocarno.ch*

## EXPERIMENTELLES DINNER

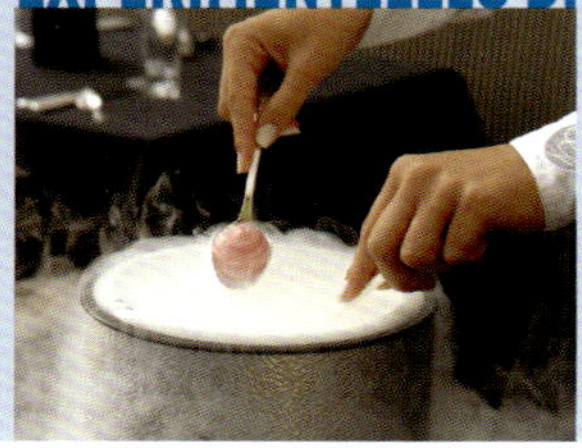

20:00

Im *Hotel-Ristorante Ecco* überrascht der junge, wilde Sternekoch Rolf Fliegauf mit seiner eigenen Interpretation der Molekularküche und verspricht neue Geschmackserlebnisse. Probieren und genießen! **WO?** *Via Segnale 10 | Ascona | Reservierung unter Tel. 09 17 85 88 88 | www.giardino.ch*

23:00

## PARTY-LOUNGING

Getreu dem Motto „Sehen und gesehen werden" gehts in die *Max Way Bar*, wo Annoni Massimo seinen Traum von moderner Innenarchitektur verwirklicht hat. Einfach unter das schicke Publikum mischen und bei einem Cocktail den Abend ausklingen lassen. **WO?** *Via B. Rusca | Ascona | Tel. 09 17 51 29 36 | www.maxwaybar.ch*

# > WILDE SPRÜNGE, KLARE FLÜSSE

Biken, Wandern, Flussbaden: Das Tessin ist ein Outdoorparadies mit reichlich Adventurepotenzial

**> Das Tessin mit seiner zum Teil spektakulären Landschaft bietet Bewegungshungrigen von der anspruchsvollen Klettertour bis zur gemütlichen Wanderung zahllose Möglichkeiten, sich sportlich zu betätigen.**

## ADVENTURE

Beim Bungeejump im Verzascatal vom 220 m hohen Staudamm bei Gordola dürfen Sie sich fühlen wie James Bond in „Goldeneye" *(170 Euro | Infoshop am Damm Gordola | Tel. 09 17 30 92 50)*. Auch die Eisenbahnbrücke in Intragna verlockt zum Hinunterspringen *(Trekking Team | Tegna | Tel. 09 17 80 78 00 | www.trekking.ch)*. Tauchen in der Verzasca können Sie bei Lavertezzo – sogar im Winter *(Crazy Shark Dive Center | Vicolo al Porto 2 | Gordola | Tel. 07 95 15 10 30 | www.crazyshark.ch)*! Oder möchten Sie im Maggiatal beim Klippenspringen („High di-

Bild: Uferpromenade Ascona

# SPORT & AKTIVITÄTEN

ving") Ende Juli mitmachen *(Tel. 09 17 96 19 01 | www.whdf.com)*?

Die mit Bergbahnen erschlossenen Aussichtsberge im Tessin sind ein Paradies für Paraglider *(www.paragliding-ticino.ch)*. Die Seilbahn von Monte Carasso 3 km südwestlich von Bellinzona *(Tel. 09 18 25 81 88)* bringt Sie das ganze Jahr nach Mornera hoch. Von hier schweben Sie auf die Magadinoebene hinunter. Von Mitte März bis Anfang November Starts auch vom Monte Lema *(Tel. 09 16 09 11 68)*, Monte Tamaro *(Tel. 09 19 46 23 03)* und vom Monte Generoso *(Tel. 09 16 30 51 11)*. Infos zu Tandemsprüngen bei *Fly & Smile | Novaggio | Tel. 07 92 39 06 66 | www.parapendio.ch*.

## GOLF

Im Tessin gibt es drei 18-Loch-Plätze, zwei bei Ascona *(www.golf.ascona.ch, www.golflosone.ch)*, einen in Magliaso 15 Autominuten von Lugano *(www.golflugano.ch)*.

## KLETTERN & BOULDERING

Die Granit- und Gneisplatten der Felswände und die auf vielen Talböden herumliegenden Felsbrocken laden zum Sportklettern ein. Die beliebtesten Gebiete liegen um Locarno, in Ponte Brolla, Avegno und Arcegno. Ein Mekka für Boulderer ist Insider Tipp *Cresciano* *(www.crescianoboulder.ch)* 12 km nördlich von Bellinzona, wo 16 Parcours locken. Saison ist vor allem im Winter bei trockenem Wetter. Ein ganz scharfes Abenteuer ist die längste künstliche Kletterroute der Welt an der Mauer des Luzzonestaudamms im Bleniotal *(Tel. 09 18 72 14 87 | www.blenio.com)*. Am nördlichen Rand von Bellinzona ist für Freeclimber ein *Freiluftklettergarten (Via Pedemonte | Tel. 07 94 50 01 84)* mit 23 Routen eingerichtet worden. Indoorklettern kann man bei Regen auch im größten *Boulderingcenter* der Schweiz *(Tel. 09 17 51 45 57)* in Riazzino bei Gerra in der Magadinoebene.

## RADFAHREN

Wer ein bisschen Kondition hat, kommt zu phantastischen Erlebnissen. Die 40 km von Airolo bis Biasca können auch untrainierte Radler – praktisch ununterbrochen abwärts fahrend – genießen. Einfache, weil flache Radlerreviere gibt es zwischen Locarno und Bellinzona in der Magadinoebene sowie an den Ufern des Luganer Sees. Ansonsten darf Steigungen nicht scheuen, wer sich im Tessin in den Sattel schwingt. Die Insider Tipp 70-km-Rundstrecke ab Locarno nach Cannobio, durch Cannobinatal und Centovalli zurück nach Locarno lässt keine Wünsche offen. Die rauschende Abfahrt durch die 1000 Kurven der Centovalli lässt jedes Radfahrerherz höher schlagen. Auch Mountainbiker finden im Tessin grandiose Verhältnisse. Die Tour von Tesserete auf den Monte Bar auf markierten Bikewegen ist ein sensationelles Landschaftserlebnis. Infos und Tourenvorschläge bei Ticino Turismo oder unter *www.tourenguide.ch*. Leihräder guter Qualität erhalten Sie an den Bahnhöfen in Airolo, Bellinzona, Locarno und Lugano.

## WANDERN

Das Wanderparadies Tessin ist nicht zu unterschätzen: Im Vergleich zur Alpennordseite ist das Gelände deutlich steiler, und man geht relativ häufig auf ausgesetzten Wegen, die Schwindelfreiheit erfordern. Unter den Tessiner Wanderwegen gibt es Klassiker – etwa die ★ *Traversata* vom Monte Lema auf den Monte Tamaro im Malcantone bei Lugano. Erreichbar ist der famose Aussichtsberg Monte Lema mit der Kabinenbahn *(Mitte März–Mitte Nov. tgl. 9–17, im Sommer 8.30–17.30 Uhr)* aus dem Dorf Miglieglia. Die Gratwanderung verlangt Ihnen etwas Trittsicherheit und knappe fünf Stunden Marschdauer ab. Von der Alpe Foppa am Monte Tamaro, wo Mario Bottas Bergkirche Santa Maria degli Angeli lockt, fährt Sie eine Seilbahn hinunter nach Rivera *(tgl. 8.30–17 Uhr)*. Ein anderer Klassiker ist die Höhenwanderung über die *Strada Alta* an der linken Talflanke der Leventina. Sie führt aus dem alpinen

Ambiente Airolos hinunter in die Riviera bei Biasca, wo die Kastanienhaine und Rebberge des Südens beginnen. Die topografisch leichte Wanderung unterteilt man am besten in drei Etappen (Airolo–Osco–Anzonico–Biasca). Informationen bei der Touristeninformation in Airolo *(Tel. 09 18 69 15 33)*. Tipps für weitere, meist einfache Wanderungen: *www.tourenguide.ch, www.wandersite.ch*

## WASSERSPORT & FLUSSBADEN

In Ascona, Brissago und Lugano gibt es Segel- und Yachtclubs. Von den Windverhältnissen her sind allerdings weder Luganer See noch Lago Maggiore ideale Ziele für Segler und Surfer. Taucher und Sonnenanbeter hingegen finden im Tessin paradiesische Zustände. Auf keinen Fall verpassen dürfen Sie ein prickelndes Bad in einem der Flüsse im Hinterland von Locarno. Berühmt ist das Verzascatal, weil der Fluss pittoreske Formen in sein Felsenbett geschliffen hat. Diese einzigartige Unterwasserwelt zieht vor allem Taucher an. Allerdings ist der Fluss nicht ungefährlich. Unterirdische Abflüsse verursachen kaum wahrnehmbare Sogwirkungen. Wer in einen Strudel gerät, hat meist keine Chance, wieder herauszukommen. Zu den Musts gehört auch die Maggia. Bei Brontallo und Broglio finden Sie wenig besuchte natürliche Felswannen. Die Wasserqualität in den Seen ist in den schweizerischen Teilen einwandfrei.

## WINTERSPORT

Das Tessin bietet auch im Winter viel: In *Airolo (Tel. 09 18 73 30 40 | www.airolo.ch)* finden Sie die perfekte Atmosphäre zum Skifahren oder Snowboarden für die ganze Familie. *Bosco Gurin (Tel. 09 17 59 02 02 | www.bosco-gurin.ch)* überzeugt mit herrlicher Aussicht von der Grossalp Richtung Lago Maggiore. Insider Tipp In *Campra (Tel. 09 18 72 22 78 | www.campra.ch)* im Bleniotal werden über 30 km Langlaufloipen gespurt.

Unverfälschte Bergwelt: Wanderung von der Val Bavona in den Talkessel von Robiei

# > SONNE, SAURIER, SCHOKOLADE

Im Tessin gilt das italienische Credo: Kinder dürfen überallhin mitkommen

**> Im Tessin regiert die sprichwörtliche italienische Kinderfreundlichkeit. Das heißt allerdings nicht, dass im Tessin kinderfreundliche Angebote eine Selbstverständlichkeit sind.**

Doch die besten Abenteuer sind ohnehin nicht diejenigen, die schlaue Erwachsene ersonnen haben. Oder was gibt es Schöneres, als in der Sonne am Flussufer Steinfiguren aufzuschichten, Sandburgen zu bauen (im Juli findet im Strandbad Grande Lido in Ascona ein Wettbewerb statt, *Tel. 09 17 91 71 30*) und sich gegenseitig mit kühlem Wasser zu bespritzen? Solche Erlebnisse bietet das Tessin in Hülle und Fülle – was so simpel klingt, wird für Stadtkinder des 21. Jhs. durchaus zum Highlight.

Die meisten Tourismusbüros im Tessin geben Prospekte und Tipps für Kinder heraus. Das Heftchen „Ticino Junior" (erscheint halbjährlich) gibt einen guten Überblick.

*> www.marcopolo.de/tessin*

# MIT KINDERN REISEN

## NORDTESSINER TÄLER

**MUSEO IN ERBA, BELLINZONA** [118 A–B3]

In diesem preisgekrönten Museum können Kinder auf humorvolle und spielerische Weise Kunst kennenlernen. Auf Wunsch steht eine deutschsprachige Museumspädagogin zur Verfügung. *Mo–Fr 8.30–11.30, in den Ferien 14–17 Uhr, Malatelier für 4- bis 11-Jährige Mi und Sa 15–16, Ferien 14.30–16 Uhr | Piazza Magoria 8 | Tel. 09 18 35 52 54 | www.museoinerba.com | 5 Franken, keine Kinderermäßigung*

## LOCARNESE

**CARDADA ★** [117 E3]

Die Locarnesi haben ihren Aussichtsberg tüchtig herausgeputzt. Von Mario Botta stammt das gewagte Design der neuen Seilbahnkabinen sowie der Tal- und der Bergstation. Die 40-plätzigen Gondeln sind bis hinunter zum Kabinenboden verglast – der transparente Blick in die Tiefe ist gewöhnungsbedürftig.

Bei der Bergstation Cardada ist ein 1,2 km langer Spazierweg eigens den Kindern gewidmet worden – ein Spielgerät reiht sich ans nächste. Ein Erlebnis für die ganze Familie ist der Gang hinaus auf den granitenen Aussichtssteg, von dem Sie eine atemraubende Rundsicht auf den Lago Maggiore und die Tessiner Bergwelt genießen. *Standseilbahn Locarno–Orselina, Luftseilbahn Orselina–Cardada | Mitte Dez.–Mai und Okt. Mo–Do 9–18, Fr–So sowie Juni–Sept. tgl. 8–20 Uhr | www.cardada.ch | 27 Franken, Kinder (6–16 Jahre) 9 Franken*

Insider Tipp

### FALCONERIA LOCARNO [117 E4]

Im Park der Falknerei zeigen majestätische Greifvögel ihr beeindruckendes Flugkönnen. Die 45-minütigen Shows des Falkners Pio Nesa beginnen um 11 und um 15 Uhr. *Mitte März bis Okt. Di–So 10–12 und 13.30 bis 16.30 Uhr | Via delle Scuole 12 | www.falconeria.ch | 12,50 Euro, Kinder 9,50 Euro*

### GO-KART LONGHI [117 F3–4]

Einmal wie Schumi durch die Gegend kurven: auf der Minikartstrecke für 8- bis 13-Jährige in Gordola in der Magadinoebene. *Tgl. 14–18, Mai bis Aug. 14–19 Uhr, Kinder nur Mi und So 14–15 Uhr | www.karts.ch | 10 Min. 22 Franken, Kinder 15 Franken*

## LUGANESE

Insider Tipp

### ADVENTURE-PARK MONTE TAMARO [117 F4–5]

Im Park bei der Mittelstation der Gondelbahn führt ein Parcours (Dauer ca. 2,5 Std.) über 45 kindergerechte Plattformen unterschiedlicher akrobatischer Schwierigkeitsgrade. An den großen Buchen im Buchenwald sind Kletterpodeste angebracht (je nach Niveau der gewählten Route 4–10 m über dem Boden), die über Leitern erreichbar sind. Zudem können die Abenteuerlustigen beispielsweise über Kletternetze klettern oder sich auf an Seilen befestigten, schwankenden Rundhölzern von Baum zu Baum hangeln. Kinder von vier bis acht Jahren werden an Sicherheitsseile genommen und von einem Anleiter begleitet. Zur Abwechslung ist auch eine heiße Rutschbahnfahrt möglich. *Mitte März bis Anfang Nov. tgl. 8.30–17 Uhr (Gondelbahn) | Monte Ceneri/Rivera | www.montetamaro.ch | 27 Franken, Kinder 17 Franken*

### MUSEO DEL CIOCCOLATO [120 C2]

Die süße Verführung bei regnerischem Wetter in der Schokoladenfabrik Alprose in Caslano. *Mo–Fr 9 bis 18, Sa/So 9–17 Uhr | Via Rompada 36 | www.alprose.ch | 3 Franken, Kinder 1 Franken*

### SWISSMINIATUR MELIDE [121 D2]

Die touristischen Attraktionen der Schweiz im Gartenzwergformat: ein Vergnügen für Väter, Mütter und Kinder. Eindrücklich, mit welcher Detailliebe die Schweiz nachgebaut worden ist, skurril, dass die Forellen im Teich größer sind als die Miniatur-Rheinschiffe. Vor allem für Kinder eine wahre Freude. *Mitte März bis Mitte Nov. tgl. 9–18 Uhr | www.swissminiatur.ch | 10 Franken, Kinder 5 Franken*

## MENDRISIOTTO

### CALIFORNIA ACQUAPARK IN BALERNA [121 D4]

Über zwei Rutschbahnen von 100 und 120 m Länge fegt man ins Wasser, eine Wellenanlage simuliert Brandung, und im Kinderbecken ist ohnehin für Hochbetrieb gesorgt. Mit ausgebautem Wellnessbereich. Ein Spaß für die ganze Familie. *Mo–Fr 8.30–22, Sa/So 9–20 Uhr | Via San Gottardo | www.california-acquapark.ch | 18 Franken, Kinder 10 Franken*

### GALLERIA BAUMGARTNER IN MENDRISIO [121 D4]

Der Traum für Modelleisenbahnfans: Hier fahren verschiedene Modellzüge. *Di–Fr 9.30–12 und 13.30–17.30, Sa/So 9.30–17.30 Uhr | Via Stefano Franscini 24 | www.galleriabaumgartner.ch | 12 Franken, Kinder 6 Franken*

### MUSEO PALEONTOLOGICO IN MERIDE [120–121 C–D3]

„Ticinosuchus“ und „Sangiorgiosaurus“: So heißen die beiden berühmtesten Saurier, die am Monte San Giorgio gefunden wurden. Experten sprechen von einer weltweit einmaligen Fossilienfundstelle, die wichtige Rückschlüsse auf die Evolution zulässt. Seit 2004 gehört der Monte San Giorgio zum Welterbe der Unesco. Einen Einblick in die faszinierende Welt bietet das kleine *Fossilienmuseum (tgl. 8–18 Uhr | www.montesangiorgio.ch | Eintritt frei)* im Gemeindehaus von Meride. Ergänzt wird das Museum durch einen vierstündigen, landschaftlich lohnenden *Naturlehrpfad (ausgeschildert, ab Serpiano oder Meride)* um den San Giorgio, der Sie auch mit der enormen Insektenvielfalt des Berges vertraut macht.

Swissminiatur: die Sehenswürdigkeiten der Schweiz im Gartenzwergformat

# > VON ANREISE BIS ZOLL

Urlaub von Anfang bis Ende: die wichtigsten Adressen und Informationen für Ihre Tessinreise

## ANREISE

### AUTO

Über Basel bzw. Schaffhausen/Zürich gelangen Sie auf die Gotthardroute. Wer aus Richtung München/Österreich kommt, wählt die A 13 über Chur, die über den San Bernardino ins Tessin führt.

### BAHN

Eurocityzüge sowie mehrere Intercitys täglich führen direkte Wagen über Basel und Stuttgart/Zürich durchs Tessin nach Italien und zurück. Wer aus München/Wien auf der Schiene ins Tessin reist, steigt in Zürich um. Erkundigen Sie sich über die diversen Sparangebote der SBB *(www.sbb.ch)*.

### FLUGZEUG

Der Flughafen Lugano-Agno *(www.lugano-airport.ch)* wird mit Zwischenlandung in Zürich von zahlreichen Städten angeflogen. Unter Umständen lohnt sich auch ein Flug nach Mailand-Malpensa.

## AUSKUNFT

### SCHWEIZ TOURISMUS

– *Postfach 16 07 54 | 60070 Frankfurt*
– *Postfach 34 | 1015 Wien*

Prospekte oder Informationen können in Deutschland und Österreich gebührenfrei über *Telefon (008 00 10 00 30)* und *Fax (008 00 10 02 00 31)* angefordert werden. *www.myswitzerland.com*

# PRAKTISCHE HINWEISE

**TICINO TURISMO**
*Villa Turrita | Via Lugano 12 | 6501 Bellinzona | Tel. 09 18 25 70 56 | Fax 09 18 25 36 14 | www.ticino.ch*

## AUTO

Die schweizerischen Autobahnen sind mautpflichtig (Jahresvignette 25 Euro). Tempolimit: innerorts 50, außerorts 80, auf Autobahnen 120 km/h. Die Promillegrenze liegt bei 0,5. Pannenhilfe: *Tel. 140*

## BANKEN & GELD

Viele Banken haben Geldautomaten *(bancomat)*. Sie können im Tessin praktisch überall mit Euronoten bezahlen, erhalten aber das Wechselgeld in Franken.

## CAMPING

Das Tessin verfügt über knapp 50 Campingplätze. Das Spektrum reicht von regelrechten Zeltstädten an Lago Maggiore und Luganer See bis zu pittoresken Kleinplätzen in den Bergen. Wildes Campen wird nicht geduldet!

## DIPLOMATISCHE VERTRETUNGEN

**DEUTSCHES KONSULAT**
*Via Soave 9 | Lugano | Tel. 09 19 22 78 82*

**ÖSTERREICHISCHES KONSULAT**
*Via Pretorio 7 | Lugano | Tel. 09 19 13 40 07*

## EINTRITTSPREISE

Museen kosten meist zwischen 3 und 6 Franken, in Lugano müssen Sie ungefähr mit dem Doppelten rechnen. Bei größeren Anlagen müssen Sie mit 4,50–10 Euro (Swissminiatur) rechnen. Fast immer gibt es Kinderermäßigungen.

## > WAS KOSTET WIE VIEL?

| | |
|---|---|
| > **KAFFEE** | **2–2,50 EURO**<br>für eine Tasse Espresso |
| > **IMBISS** | **5–7 EURO**<br>für ein belegtes *panino* |
| > **WEIN** | **5–10 EURO**<br>für eine Karaffe (0,25 l) |
| > **FAHRRAD** | **20 EURO**<br>für die Miete für einen Tag |
| > **BENZIN** | **UM 1,10 EURO**<br>für 1 l Super bleifrei |
| > **BUSFAHRT** | **CA. 13,50 EURO**<br>Hin- und Rückfahrt von Locarno nach Lavertezzo |

## FERIENWOHNUNGEN

Das Angebot reicht von prunkvollen Villen bis zu einfachen Steinhäuschen, die Spannweite der Preise ist enorm, vom einfachen *rustico* für 150 bis zur luxuriösen Ferienwohnung für über 1300 Euro pro Woche.

Eine zentrale Vermietungsstelle existiert nicht. Eine verhältnismäßig einfache Art, zu einem *rustico* als Ferienwohnung zu kommen, bietet sich im Bleniotal: *Nara Tour-Rustici* vermietet rund 30 teilweise sehr hübsche Objekte *(Tel. 09 18 71 19 71 | Fax 09 18 71 10 34 | www.rustici.ch/nara)*.

## INTERNET

Ausführliche touristische Informationen liefern die Websites *www.myswitzerland.com* und *www.ticino.ch*, speziell zum Lago Maggiore bzw. Lugano und Locarno *www.maggiore.ch*, *www.info-locarno.ch* und *www.lugano-tourism.ch*. Tessiner Newsportale mit aktuellen Nachrichten finden Sie unter *www.ticinonline.ch* und *www.ticinonews.ch*. *www.ti.ch* ist die offizielle Website des Kantons Tessin. Über das Wetter, Pollenflug etc. informiert *www.meteoschweiz.ch*.

## INTERNETCAFÉS & WLAN

Internetcafés sind recht verbreitet. Große Hotels und Campingplätze, aber z. B. auch der Bahnhof in Lugano verfügen zunehmend über WLAN-Hotspots. Auf *www.swiss-hotspots.ch* finden Sie ganz einfach einen in Ihrer Nähe. Oder Sie klicken auf *www.myswitzerland.com* auf „Regionen & Orte", wählen das Tessin, dann den Ort. Dort finden Sie unten rechts die Option „Swisscom WLAN Hotspots" zum Anklicken.

## NOTRUF

Rettungsdienst *(pronto soccorso) 144*
Polizei *117*
Feuerwehr *(pompieri) 118*

## ÖFFENTLICHE VERKEHRSMITTEL

Die größeren Orte werden von Stadtbussen erschlossen, die Täler bedient die Post mit den gelben Postbussen

# WETTER IN LUGANO

| | Jan. | Feb. | März | April | Mai | Juni | Juli | Aug. | Sept. | Okt. | Nov. | Dez. |
|---|---|---|---|---|---|---|---|---|---|---|---|---|
| Tagestemperaturen in °C | 6 | 9 | 14 | 18 | 22 | 26 | 28 | 28 | 24 | 17 | 11 | 7 |
| Nachttemperaturen in °C | −2 | −1 | 3 | 7 | 10 | 14 | 16 | 15 | 13 | 8 | 3 | 0 |
| Sonnenschein Std./Tag | 4 | 5 | 5 | 6 | 7 | 7 | 8 | 8 | 6 | 5 | 4 | 3 |
| Niederschlag Tage/Monat | 6 | 6 | 7 | 10 | 13 | 12 | 10 | 10 | 9 | 9 | 8 | 7 |
| Wassertemperaturen in °C | 5 | 6 | 6 | 9 | 15 | 20 | 22 | 23 | 21 | 16 | 10 | 8 |

*(www.postauto.ch)*, die in der Schweiz Postautos heißen, die Seen befahren Linienschiffe (*www.navigazionelaghi.it* bzw. *www.lakelugano.ch*). Sie kommen im Tessin mit öffentlichen Verkehrsmitteln praktisch überall hin und können so auch Wanderungen unternehmen, bei denen Sie nicht an den Ausgangspunkt zurückkehren müssen.

## ÖFFNUNGSZEITEN

Mo–Fr 8–18.30, Sa 8–17 Uhr, am Do Abendverkauf bis 21 Uhr, die verlängerte italienische Mittagspause wird nur außerhalb der Zentren gepflegt. In Touristengebieten werden in der Saison flexiblere Ladenöffnungszeiten praktiziert.

## POST

Postämter sind meist Mo bis Fr von 7.30 bis 12 und von 13.45 bis 18, Sa von 7.30 bis 11 Uhr geöffnet. Das Porto für Briefe und Postkarten nach Deutschland und Österreich beträgt 1,20 Franken, für die schnellere A-Post 1,30 Franken. *www.post.ch*

## TELEFON & HANDY

Vorwahl nach Deutschland 0049, nach Österreich 0043. Die Vorwahl für die Schweiz ist 0041, innerhalb der Schweiz benötigen Sie keine Vorwahl. Rufen Sie aus Deutschland oder Österreich an, entfällt die Null am Beginn der Teilnehmernummer. Telefonzellen funktionieren nur mit Taxcards, die die Poststellen verkaufen. Mit dem Handy können Sie in einigen Tälern Schwierigkeiten haben. Beim Roaming spart, wer sich über die aktuellen Tarife und Konditionen informiert – im Internet z. B. auf der Website *www.teltarif.de/roaming/schweiz/handy.html.* Mit einer schweizerischen Prepaidkarte entfallen die Gebühren für eingehende Anrufe. Immer günstig sind SMS. Hohe Kosten verursacht die Mailbox: Sie sollten sie daher – und zwar noch im Heimatland! – abschalten.

## WÄHRUNGSRECHNER

| € | CHF | CHF | € |
|---|---|---|---|
| 1 | 1,56 | 1 | 0,64 |
| 2 | 3,11 | 2 | 1,29 |
| 3 | 4,66 | 3 | 1,93 |
| 5 | 7,77 | 5 | 3,22 |
| 7 | 10,88 | 7 | 4,50 |
| 8 | 12,44 | 8 | 5,15 |
| 9 | 13,99 | 9 | 5,79 |
| 12 | 18,65 | 12 | 7,72 |
| 25 | 38,86 | 25 | 16,08 |

## ZEITUNGEN

Fr erscheint die „Tessiner Zeitung“ mit Veranstaltungskalender. Sie wird am Kiosk verkauft und liegt im Sommer an Bahnhöfen, in Tourismusbüros und vielen Hotels gratis aus.

## ZOLL

Auch wenn das Schengener Abkommen Ende 2008 auch in der Schweiz in Kraft getreten ist und somit im Personenverkehr keine regelmäßigen Ausweiskontrollen mehr an der Grenze erfolgen: Der Warenverkehr unterliegt weiterhin den bisherigen Beschränkungen, denn eine Zollunion besteht nicht. Zollfrei importieren – in die Schweiz sowie aus der Schweiz in die EU – dürfen Sie u. a. 2 l Wein und 1 l Spirituosen, 200 Zigaretten sowie Souvenirs im Wert von 300 Franken bzw. 175 Euro. *www.zoll.admin.ch, www.zoll.de*

# > PARLI ITALIANO?

„Sprichst du Italienisch?" Dieser Sprachführer hilft Ihnen, die wichtigsten Wörter und Sätze auf Italienisch zu sagen

## Aussprache

| | |
|---|---|
| c, cc | vor „e, i" wie deutsches „tsch" in deutsch, Bsp.: dieci, sonst wie „k" |
| ch, cch | wie deutsches „k", Bsp.: pacchi, che |
| ci, ce | wie deutsches „tsch", Bsp.: ciao, cioccolata |
| g, gg | vor „e, i" wie deutsches „dsch" in Dschungel, Bsp.: gente |
| gl | ungefähr wie in „Familie", Bsp.: figlio |
| gn | wie in „Cognac", Bsp.: bagno |
| sc | vor „e, i" wie deutsches „sch", Bsp.: uscita |
| sch | wie in „Skala", Bsp.: Ischia |
| sci | vor „a, o, u" wie deutsches „sch", Bsp.: lasciare |
| z | immer stimmhaft wie „ds" |

Ein Akzent steht im Italienischen nur, wenn die letzte Silbe betont wird. In den übrigen Fällen haben wir die Betonung durch einen Punkt unter dem betonten Vokal angegeben.

## AUF EINEN BLICK

| | |
|---|---|
| Ja./Nein./Vielleicht. | Sì./No./Fọrse. |
| Bitte./Danke./Vielen Dank! | Per favọre./Grạzie./Tạnte grạzie. |
| Gern geschehen. | Prẹgo!/Non c'è di che! |
| Entschuldigen Sie! | Scụsi! |
| Wie bitte? | Cọme dịce?/Prẹgo?/ Cọme, scụsi? |
| Guten Morgen/Tag! | Buon giọrno! |
| Guten Abend!/Nacht! | Buọna sẹra!/Buọna nọtte! |
| Hallo!/Grüß dich! | Ciạo! |
| Ich verstehe Sie/dich nicht. | Non La/ti capịsco. |
| Ich spreche nur wenig Italienisch. | Pạrlo sọlo un po' di italiạno. |
| Können Sie mir bitte helfen? | Mi può aiutạre, per favọre? |
| Wie geht es Ihnen/dir? | Cọme sta/stại? |
| Wie heißen Sie?/Wie heißt du? | Cọme si chiạma?/Cọme ti chiạmi? |
| Ich heiße … | Mi chiạmo … |
| Ich komme aus … | Sọno … |
| … Deutschland. | … dẹlla Germạnia. |
| … Österreich. | … dell' Austria. |
| … der Schweiz. | … dẹlla Svịzzera. |
| Auf Wiedersehen!/Tschüss! | Arrivedẹrci!/Ciạo! |
| Bis bald!/Bis morgen! | A prẹsto!/A domạni! |
| Hilfe! | Aiụto! |
| Rufen Sie bitte schnell … | Chiạmi sụbito … |

| | |
|---|---|
| … einen Krankenwagen. | … un’autoambulạnza. |
| … die Polizei. | … la polizịa. |

## UNTERWEGS

| | |
|---|---|
| Bitte, wo ist … | Scụsi, dov’è … |
| … der Bahnhof? | … la staziọne? |
| … der Flughafen? | … l’aeropọrto? |
| … die Haltestelle? | … la fermạta? |
| … der Anleger? | … l’imbarcadẹro? |
| Zum … Hotel. | All’albẹrgo … |
| Bus/Fähre/Zug | l’autobụs/il traghẹtto/il trẹno |
| Bitte, einen Fahrschein nach … | Un bigliẹtto per …, per favọre. |
| Entschuldigung, wie komme ich nach …? | Scụsi, per andạre a …? |
| Immer geradeaus bis … | Sẹmpre dirịtto fịno a … |
| Dann links/rechts abbiegen. | Poi svọlti a sinịstra/dẹstra. |
| nah/weit | vicịno/lontạno |
| Überqueren Sie … | Attravẹrsi … |
| … die Brücke. | … il pọnte. |
| … den Platz. | … la piạzza. |
| … die Straße. | … la strạda. |
| Ich möchte … mieten. | Vorrẹi noleggiạre … |
| … ein Auto … | … ụna mạcchina. |
| … ein Fahrrad … | … ụna biciclẹtta. |
| … ein Boot … | … ụna bạrca. |
| offen/geschlossen | apẹrto/chiụso |
| drücken/ziehen | spịngere/tirạre |
| Eingang/Ausgang | ingrẹsso/uscịta |
| Wo sind bitte die Toiletten? | Dov’è il bạgno, per favore? |
| Damen/Herren | signọre/signọri |

## SEHENSWERTES

| | |
|---|---|
| Wann ist das Museum geöffnet? | Quạndo è apẹrto il musẹo? |
| Wann beginnt die Führung? | Quạndo comịncia la vịsita con la guịda? |
| Altstadt | il cẹntro stọrico |
| Ausstellung | la mọstra/l’esposiziọne |
| Denkmal | il monumẹnto |
| Friedhof | il cimitẹro |
| Galerie | la gallerịa (d’ạrte) |
| Gottesdienst | la mẹssa/la funziọne sạcra |

| | |
|---|---|
| Kirche | la chiẹsa |
| Rathaus | il munịcipio |
| Schloss/Burg | il castẹllo |
| Stadtplan | la pịanta dẹlla città |
| Stadtrundfahrt | il gịro dẹlla città |
| Theater | il teạtro |
| Turm | la tọrre |

## DATUMS- & ZEITANGABEN

| | |
|---|---|
| Montag | lunedì |
| Dienstag | martedì |
| Mittwoch | mercoledì |
| Donnerstag | giovedì |
| Freitag | venerdì |
| Samstag | sạbato |
| Sonntag | domẹnica |
| heute/morgen/gestern | ọggi/domạni/iẹri |
| täglich | tụtti i giọrni, giornaliẹro |
| Wie viel Uhr ist es? | Che ọre sọno? |
| Es ist 3 Uhr. | Sọno le tre. |
| Es ist halb 4. | Sọno le tre e mẹzza. |
| Es ist Viertel vor 4. | Sọno le quạttro mẹno un quạrto. |
| Es ist Viertel nach 4. | Sọno le quạttro e un quạrto. |

## ESSEN & TRINKEN

| | |
|---|---|
| Die Speisekarte, bitte. | Il menù, per favọre. |
| Ich nehme … | Prendo … |
| Bitte ein Glas … | Per favọre un bicchiẹre di … |
| Besteck | le posạte |
| Messer/Gabel/Löffel | il coltẹllo/la forchẹtta/il cucchịaio |
| Vorspeise/Hauptspeise | l'antipạsto/il secọndo |
| Nachspeise | il dessẹrt, il dọlce |
| Salz/Pfeffer/Zucker | il sạle/il pẹpe/lo zụcchero |
| scharf/salzig | piccante/salạto |
| Ich bin Vegetarier/in. | Sọno vegetarịano/a. |
| Hat es geschmeckt? | Era di Sụo gradimẹnto? |
| Das Essen war ausgezeichnet. | (Il mangiạre) ẹra eccellẹnte. |
| Trinkgeld | la mạncia |
| Die Rechnung, bitte. | Il cọnto, per favọre. |

## EINKAUFEN

| | |
|---|---|
| Wo finde ich …? | Dọve pọsso può trovạre …? |
| Apotheke | ụna farmacịa |
| Bäckerei | un panifịcio |

| | |
|---|---|
| Kaufhaus | un grạnde magazzịno |
| Lebensmittelgeschäft | un negọzio di gẹneri alimentạri |
| Markt | un mercạto |
| Supermarkt | un supermercạto |
| Zeitungshändler | un giornalạio |
| Gibt es …?/Haben Sie …? | C'è …?/Ha …? |
| Ich möchte … | Vorrẹi … |
| Eine Einkaufstüte, bitte. | Una bụsta, per favọre. |
| Das gefällt mir (nicht). | (Non) mi piạce. |
| Wie viel kostet es? | Quạnto cọsta? |
| Nehmen Sie Kreditkarten? | Accẹtta cạrte di crẹdito? |

## ÜBERNACHTEN

| | |
|---|---|
| Ich habe ein Zimmer reserviert. | Ho prenotạto ụna cạmera. |
| Haben Sie noch … | È lịbera …/Avẹte ancọra … |
| … ein Einzelzimmer? | … ụna sịngola? |
| … ein Doppelzimmer? | … ụna dọppia? |
| mit Dusche/Bad | con dọccia/bạgno |
| Was kostet das Zimmer mit Frühstück? | Quạnto cọsta la cạmera con la prịma colaziọne? |

## PRAKTISCHE INFORMATIONEN

| | |
|---|---|
| Können Sie mir einen Arzt empfehlen? | Mi può consigliạre un mẹdico? |
| Kinderarzt | il pediạtra |
| Zahnarzt | il dentịsta |
| Ich habe hier Schmerzen. | Ho dẹi dolọri qui. |
| Ich habe Fieber. | Ho la fẹbbre. |
| Eine Briefmarke, bitte. | Un francobọllo, per favọre. |
| Postkarte | ụna cartolịna |
| Wo ist bitte eine Bank? | Scụsi, dọve pọsso trovạre ụna bạnca? |
| Geldautomat | il bancomạt |

## ZAHLEN

| | | | |
|---|---|---|---|
| 1 | ụno | 11 | ụndici |
| 2 | dụe | 12 | dọdici |
| 3 | tre | 20 | vẹnti |
| 4 | quạttro | 21 | ventụno |
| 5 | cịnque | 50 | cinquạnta |
| 6 | sẹi | 100 | cẹnto |
| 7 | sẹtte | 200 | duecẹnto |
| 8 | ọtto | 1000 | mịlle |
| 9 | nọve | 1/2 | un mẹzzo |
| 10 | diẹci | 1/4 | un quạrto |

Gandria am Luganer See

# > UNTERWEGS IM TESSIN

Die Seiteneinteilung für den Reiseatlas finden Sie auf dem hinteren Umschlag dieses Reiseführers

# REISE ATLAS

A
B
C
1
2
3
4
5
6
24
28
26
Bern
Wallis
SCH
ITALIA
Grimselpass
Urseren
Alpe Lepontine
Tieralplistock
Gelmerhütte
Rhonestock
Gelmersee
Hintere Gelmerhorn
Galenstock
Rhonegletscher
Gross Furkahorn
Gärstenhörner
Winterstock
Albert Heim-Hütte
Mittagstock
Müeterlishorn
Rossmettlen
Hospental
Rinbort
Lochberg
Furkareuss
Zumdorf
Realp
Ochsenalp
Tiefenbach
Garschen
Belvédère
Furkapass
Furkablick
Nägelisgrätli
Gletsch
Bidmer
Furkastrasse
Totesee
Blauberg
Winterhorn
Orsino
Alpe di Rodont
Lago di Lucendro
P.dell' Uomo
Schweig
Stelliboden
Mutten
Chrummegg
Tällistock
Lenges
Sankt Niklaus
Tälli
Muttenhörner
Furka-Bahn-Tunnel
15 400 m
Rotondohütte
Passo del San Gottardo
Sankt Gotthard-Pass
P.Lucendro
Fibbia
Passo di Lucendro
Alpe di Fieud
Bärg
Gerendorf
Unterwassern
Gerewasser
Schweif
Leckihorn
Passo di Cavanna
Oberwalderblase
Obergesteln
Überlicherblase
Loch
Gerental
P.Rotondo
Alpe di Vinei
Fontana
Albinasca
Ossasco
Villa
Alpe di Pesciora
Bedretto
Chüebodenhorn
Ägenetal
Pizzo Gallina
Capanna Gonerli
Poncione di Manió
Rifugio Piansecco
Ronco
Val Bedretto
Alpe di Cristallina
Val Torta
Nufenenpass
Alpe di Manió
All'Acqua
Alpe di Valleggia
Passo del Naret
Lago di Naret
Ladstafel
Lengtal
Paltano
Alpe di Formazzora
Passo di Cristallina
Capanna Cristallina
Cristallina
Passo del Sasso Nero
Griessee
Corno
Capanna Corno-Gries
Passo di San Giàcomo
Poncione di Valleggia
Lago Sfundau
Helgenhorn
Griespass
Grieshorn
Passo del Gries
Punta del Gries
Purta Elgio
Lago dei Cavagnoo
Lago Bianco
Lago Nero
Val Toggia
Marchhorn
Punta del Termine
Arzo
Robièi
Lago di Robièi
Frodà
Rifúgio Maria Luisa
Rifúgio Città di Busto
Val di Morasco
Lago di Toggia
Lago dei Matörgn
Capanna Basodino
Poncione di Braga
Servizio Privato ENEL
Lago di Morasco
Rifúgio Móres
Lago dei Zött
Campo
Alpe Sarodan
Riale
Lago Castél
Ghiacciaio del Basòdino
Rifúgio Somma Lombardo
la Frua
Albergo Cascata
Basódino
P.Castello
Cascata del Toce
Sotto la Frua
Monte Basódino
S. Carlo
Piatto Cröis
Val Antabbia
Val Formazza
Canza
Sonlèrt
Rifúgio Margaroli
Grovella
Laghetti d'Antabia
Alpe di Solögna
Faed
Alpe d'Oglie
Lago Vannino
Ponte
Formazza
P.Sológna
P.Fiorèra
Rosed
Foroglio
Valdo
Ritorto
Magnasco
San Michele
Puntid
Monte Giove
Val Bavona
Sabbione
Inferiore
Lago Busin
Rifúgio Busin
Superiore
Calnegia
Val Calneggia
Chiesa
Alpe Formazzöö
Laghi di Formazzöö
Mondada
Frácchie
Wandfluhhorn
Alpe Cranzünasc
Antillone
Fondovalle
Pizzo Biela
P.d'Orsalina
Tanzónia
Chioso
Lago Superiore
P.Rossa
Alpe Cranzunell
Case Círi
Foppiano
Rivasco
Wolfstaffel
Passo di Bosco
Guriner Furka
Alpe Mater
Salècchio
Ritzberg
Corte Antico
Monte Rizo
Bosco/Gurin
Corino
Camanoi
San Rocco
Passo
Pizzo Quadro
P.Bombögn
Collinasca
Cerentino
116

Andermatt
(1447)
Alpe Rossboden
Rossboden Stock
2836
Fruttli
Gurschen
Gurschen Stock
2866
2961
Gemsstock
Gafallen
Unteralp
Spunn
Tgatlems
Cavradi
Alpe Tuma
Rheinquelle
2612
P.Cavradi
Badus
2928
Camona da Maighels
Lai da Curnera
Schwarz Berg
2764
Val Maighels
Val Curnera
P.Alpetta
2845
(Gotthard-Basistunnel) in Bau, fertig 2012-2014
NEAT
P.Mater
Lai da Nalps
Alpe Tuma
Alpe Nalps
2457
P.Pazzola
2581
Puozas
Fumatsch-fall
Alpe Gannaretsch
Lukmanierstrasse
P.Gannaretsch
3040
Sogn Gagl
San Gions
Val Medel
Froda
Garviel da Medel
P.Paradis
2884
Serengia
P.Lai Blau
2961
Lai Blau
Alpe Stgegia
Val Rondadura
P.Garviel
2736
Sankt-Gotthard-Tunnel 15000 m
P.Centrale
2999
Portgeren
P.Git
2968
P.Ravetsch
3007
P.Alv
2769
Piz Blas
3019
Lai da Sontga Maria
Lago della Sella
P.Barbarera
2804
Unteralppass
Giubin
2574
2306
2776
Capanna di Cadlimo
(2570)
Val Cadlimo
Passo del Lucomagno
1972
1914
60
Scopi
3190
3015
Pizzo del Corvo
2
Canariscio
2523
Orello
Alpe Pontino
Val Canaria
Canaria
2714
2667
Parco Alpino Piora
Alpe Stabbiello
P.Taneda
Cadagno
Lago Cadagno
Schenadüi
2747
Val Termine
San Carlo
Alpe Piora
Capanna Cadagno
(1987)
2218
Passo dell'Uomo
P.dell'Uomo
2663
Alpe Gana
Lareccio
Passo di G
2401
Alpe Casaccia
2510
P.di Gadr
1559
Monti
Alpe di Lago
Camoghe
2356
Lago Ritóm
Val Piora
2381
Passo delle Corombe
Acquacal
Acquacalda
(1758)
Airolo
Valle
Madrano
"San Gottardo"
Ce
2208
Föisc
Piora
Pora
1793
Brugnasco
Nante
E 35
Altanca
Pne. Pro do Rodúc
2507
Sciuei
Ronco
Deggio
Quinto
Ticino
Cassine
Varenzo
2376
Passo del Sole
P.del Sole
2773
Laghi Chiera
Frodalera
P.d'Era
2618
2660
P.di Campello
3
W
E
I
Z
Alpe di Ravina
Gióf
Piotta
(1066)
Ambrì
Alpe di Chièra
Lurengo
1324
Catto
Quinto
Somprèi
Predèlp
Tarnolgio
Brüsada
Cari
Croce
Capanna di Prato
2003
Cassin
Pian Mot
Fiesso
Gola Piottino
Freggio
Vigera
865
Osco
Mairengo
Calpiogna
Campello
Passo
2501
Passo Sassello
2334
Alpe di Chiéra
Rodi
Valle Leventina
756
1603
Val Sambuco
Poncione
Sambuco
2581
Polmengo
Primadengo
Faido
Rossura
Molare
X-IV
Madone
2760
Lago Tremorgio
Prato
Cornone
Valletta
Lago del Sambuco
Passo Campolungo
Alpe Campolungo
Capanna Leit
Dalpe
(1192)
Cascata Piumogna
Tengia
Cassin
Chiggiogna
Aldesci
2318
2714
Piumogna
Faido
3,5
P.di Röd
2699
P.Campolungo
Lago di Morghirolo
Capanna Campo Tencia
Val Piumogna
Garlengo
35
Gribbio
Fusio
(1289)
Colla
4
Calonico
Alpe di Gera
La Motta
2178
Raslumo
Lavorgo
615
dei Sassi
Alpe di Röd
P.Cana
2949
(2140)
Piumogna
Mogno
P.Forno
2907
Ces
Nivo
P.Mascarpino
2450
P.Campo Tencia
3072
Olina
Antonio
Corsgell
Doro
Chironico
Cala
Peccia
San Carlo (840)
(1034)
P.Rüscada
2558
1618
Soveltra
Alpe Sponda
Grumo
Gola Biaschina
Agréi
P.Barone
2864
Val Chironico
Usédi
Altirolo
Santa M
Monte dell'Ovi
245
Sornico
Corsgell
Val di Prato
Lago Barone
Ale del Laghetto
5
Prato
(1001)
Mont di Predee
P.dei Laghetti
2443
Laghetto
Monti di Rima
Brünesc
Presa
Corte
1487
Val Vegorness
Cima Bianca
2612
Alpe Lagasca
2429
Broglio
(703)
Alpe Pertüs
Corona di Redorta
2804
Cabiói
P.di Mezzodi
2708
1210
Mont di Cima
Val Tomé
Menzonio
Maggia
2181
Forcella di Redorta
Cima di Cagnói
2545
Seccada
Vald
Madone Grosso
Cagnago
2741
ontallo
P.Val Mala
2271
Monte Zucchero
2736
Püscen Negro
Val Redorta
Verzasca
Alpe della Costa
Pianello
Val Cocco
Serenello
1078
Costa
Cocco
1524
(1895)
Alpe Sambuco
Fracèd
(918)
Sonogno
Frasco
Serte
1062
2km
Efra
Cima d'
6
P.Rasia
2684
Alpe Osola
Valdone
P.delle Pecore
2381
2251
Agrone
Punta di Spluga
Alpe Spluga
Piano
P.Cassagno
2435
Conscina
2454
Cima di Gagnone
Alpe Motto
2518
Verzasca
(810)
Ruscadella
Viosletto
(412)



117

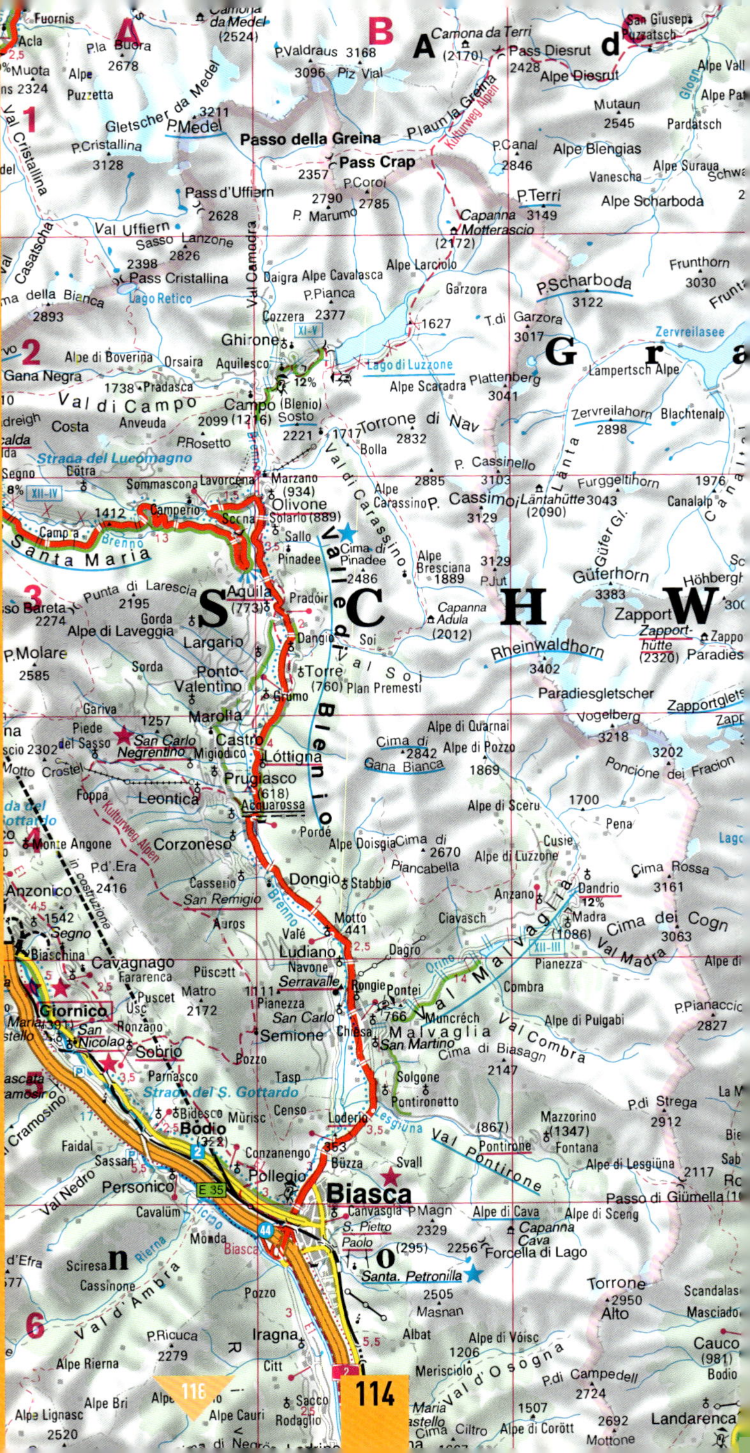
A
B
C
d
Fuornis
Acla
Camona da Medel
(2524)
P.la Buora
2678
Muota
Alpe Puzzetta
1
Val Cristallina
Gletscher da Medel
P.Medel
3211
P.Valdraus 3168
3096
Piz Vial
Camona da Terri
(2170)
Pass Diesrut
2428
Alpe Diesrut
San Giusep
Puzzatsch
Alpe Vall
Glogn
Alpe Pat
Mutaun
2545
Pardatsch
Passo della Greina
Plaun la Greina
Kulturweg Alpen
P.Cristallina
3128
Pass Crap
2357
P.Coroi
2790
2785
P.Canal
2846
Alpe Blengias
Alpe Suraua
Vanescha
P.Terri
3149
Alpe Scharboda
Pass d'Uffiern
2628
P. Marumo
Capanna Motterascio
(2172)
Val Uffiern
Casatscha
Sasso Lanzone
2398
2826
Pass Cristallina
Val Camadra
Daigra
Alpe Cavalasca
Alpe Larciolo
Frunthorn
3030
Lago Retico
P.Pianca
Garzora
P.Scharboda
3122
Cozzera
2377
1627
T.di Garzora
3017
2893
2
Ghirone
XI-V
Zervreilasee
Alpe di Boverina
Orsaira
Aquilesco
Lago di Luzzone
Lampertsch Alpe
G r a
Gana Negra
12%
Alpe Scaradra
Plattenberg
3041
1738
Pradasca
Val di Campo
Campo (Blenio)
2099 (1216)
Sosto
2221
Torrone di Nav
Zervreilahorn
2898
Blachtenalp
Costa
Anveuda
1717
Bolla
2832
P.Rosetto
Strada del Lucomagno
Val di Carassino
Länta
Segno
Cotra
Marzano
(934)
2885
P. Cassinello
3103
Furggeltihorn
1976
XII-IV
Sommascona
Lavorceno
Olivone
Alpe Carassino
P. Cassimoi
3129
Läntahütte
(2090)
3043
Canalalp
1412
Camperio
Solario (889)
Campra
Brenno
Sallo
Cima di Pinadee
2486
Santa Maria
Pinadee
Alpe Bresciana
1889
3129
P.Jut
Güfer Gl.
Güferhorn
3383
Höhberghorn
3
Punta di Larescia
2195
Passo Bareta
2274
Aquila
(773)
Pradóir
S
C
H
W
Capanna Adula
(2012)
Zapport
Zapporthütte
(2320)
Paradies
Gorda
Alpe di Laveggia
Largario
Dangio
Soi
Valle di Blenio
Val Soi
Rheinwaldhorn
3402
P.Molare
2585
Sorda
Ponto-Valentino
Torre
(760)
Plan Premesti
Grumo
Paradiesgletscher
Gariva
1257
Marolta
Zapportgletscher
Vogelberg
3218
Piede del Sasso
San Carlo
Negrentino
Castro
Migiodico
Alpe di Quarnai
Cima di Gana Bianca
2842
Alpe di Pozzo
1869
3202
Motto Crostel
Lóttiga
Prugiasco
(618)
Poncione dei Fracion
Foppa
Leontica
Acquarossa
Alpe di Sceru
1700
Pena
Strada del Gottardo
Monte Angone
4
Corzoneso
Pordé
Alpe Doisgia
Cima di Piancabella
2670
Alpe di Luzzone
Cusie
Lago
P.d'Era
2416
in costruzione
Anzonico
Casserio
San Remigio
Dongio
Stabbio
Dandrio
12%
Cima Rossa
3161
1542
Segno
Auros
Motto
441
Anzano
Ciavasch
Madra
(1086)
Cima dei Cogn
3063
Biaschina
Cavagnago
Farerenca
Valé
Ludiano
Navone
Dagro
Val Malvaglia
Val Madra
XII-III
Pianezza
Alpe di
Giornico
Püscett
Matro
2172
1111
Serravalle
Pianezza
Rongie
Pontei
Orino
Combra
P.Pianaccio
2827
Puscet
Usc
Ronzano
San Carlo
766
Muncréch
Alpe di Pulgabi
San Nicolao
Sobrio
Semione
Chiesa
Malvaglia
San Martino
Val Combra
Cima di Biasagn
2147
5
Pozzo
Parnasco
Tasp
Solgone
Strada del S. Gottardo
Pontironetto
P.di Strega
2912
Val Cramosino
Bidesco
Mürisc
Censo
Loderio
Lesgiüna
(867)
Mazzorino
(1347)
Fontana
Faidal
Bodio
(322)
Conzanengo
353
Val Pontirone
Pontirone
Alpe di Lesgiüna
2117
Sassan
Büzza
Svall
Val Nedro
Personico
E 35
Pollegio
Biasca
Passo di Giümella
Cavalüm
Canvasgia
P.Magn
2329
Alpe di Cava
Capanna Cava
Alpe di Sceng
Monda
44
S. Pietro
Paolo
(295)
2256
Forcella di Lago
d'Efra
Sciresa
Rierna
Biasca
n
o
Santa. Petronilla
Cassinone
Pozzo
2505
Torrone Alto
2950
Scandalas
Masnan
Masciado
Val d'Ambra
6
P.Ricuca
2279
Iragna
Albat
Alpe di Vóisc
1206
Cauco
(981)
Bodio
Alpe Rierna
R
Citt
Merisciolo
Val d'Osogna
P.di Campedell
2724
Alpe Bri
Alpe Lignasc
2520
Alpe Cauri
Sacco
Rodaglio
Maria
Castello
Cima Ciltro
1507
Alpe di Corött
2692
Mottone
Landarenca
118

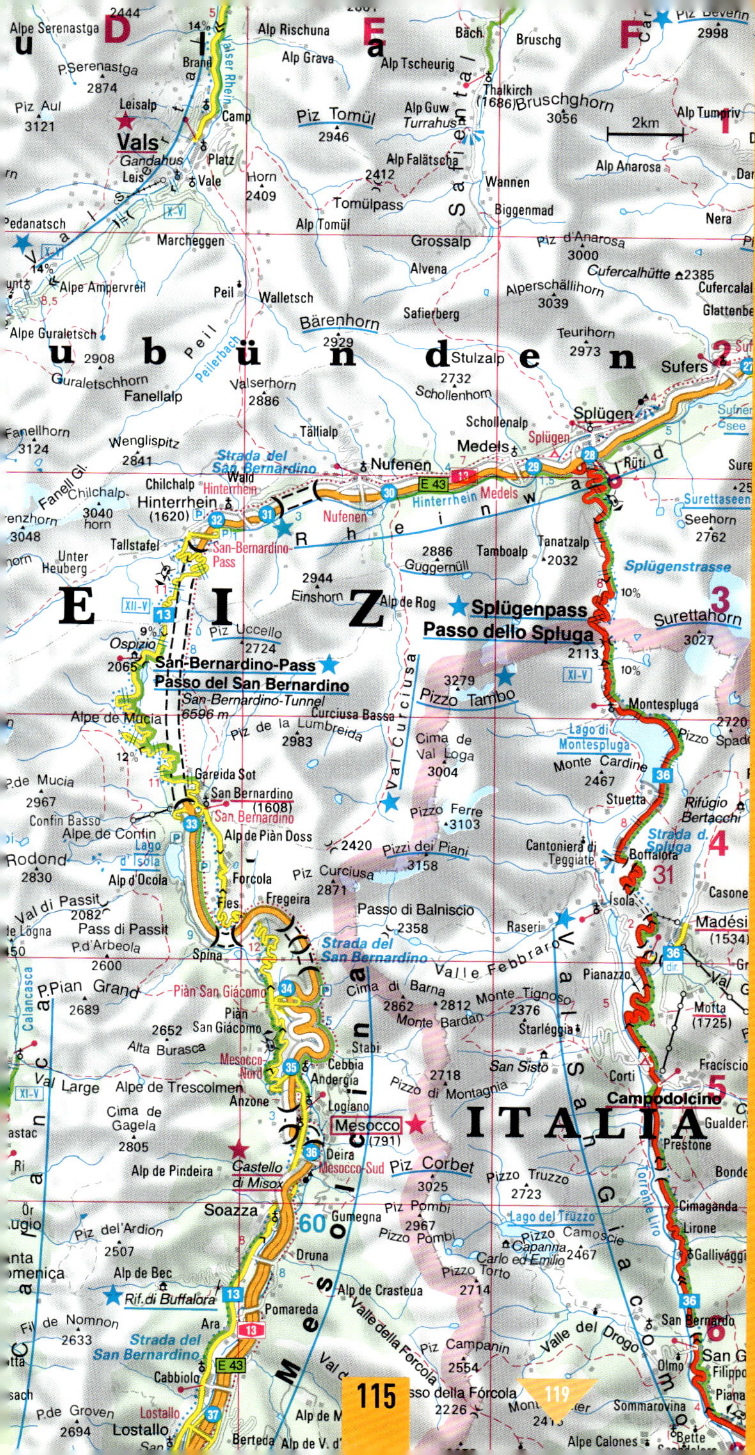
Alp Serenastga
2444
D
E
F
Alp Rischuna
Bäch
Bruschg
Piz Beverin
2998
Alp Grava
Alp Tscheurig
P.Serenastga
2874
Brand
Valser Rhein
Thalkirch
(1686)
Bruschghorn
3056
Piz Aul
3121
Leisalp
Camp
Piz Tomül
2946
Alp Guw
Turrahus
Alp Tumpriv
2km
Vals
Gandahus
Leis
Platz
Vale
Alp Falätscha
2412
Alp Anarosa
Horn
2409
Wannen
Tomülpass
Biggenmad
Alp Tomül
Pedanatsch
Nera
Marcheggen
Grossalp
Piz d'Anarosa
3000
Alvena
Cufercalhütte 2385
Cufercalal
14%
Alpe Ampervreil
Peil
Walletsch
Alperschällihorn
3039
Safierberg
Glattenbe
Bärenhorn
2929
Alpe Guraletsch
Teurihorn
2973
Peilerbach
u
b
ü
n
d
e
n
2908
Stulzalp
2732
Sufers
Guraletschhorn
Fanellalp
Valserhorn
2886
Schollenhorn
Splügen
Schollenalp
Fanellhorn
3124
Tällialp
Medels
Splügen
Wenglispitz
2841
Strada del San Bernardino
Nufenen
Sufner see
Chilchalp
Wald
Hinterrhein
E 43
13
Rüti
Fanell Gl.
Chilchalp-horn
3040
Hinterrhein
(1620)
Hinterrhein
Medels
Surettaseen
Nufenen
Seehorn
2762
renzhorn
3048
R
h
e
i
n
w
a
l
d
Tallstafel
San-Bernardino-Pass
2886
Tamboalp
Tanatzalp
2032
Unter
Heuberg
Guggernüll
Splügenstrasse
2944
Einshorn
10%
E
I
Z
Alp de Rog
Splügenpass
Passo dello Spluga
2113
Surettahorn
3027
XII-V
9%
Piz Uccello
2724
Ospizio
2065
San-Bernardino-Pass
Passo del San Bernardino
10%
XI-V
San-Bernardino-Tunnel
6596 m
3279
Pizzo Tambo
Alpe de Mucia
Curciusa Bassa
Val Curciusa
Piz de la Lumbreida
2983
Montespluga
2720
Pizzo Spadolazzo
Lago di Montespluga
12%
Cima de Val Loga
3004
Monte Cardine
2467
P.de Mucia
2967
Gareida Sot
San Bernardino
(1608)
San Bernardino
Stuetta
Rifúgio Bertacchi
Confin Basso
Alpe de Confin
Pizzo Ferre
3103
Lago d'Isola
Alp de Pián Doss
2420
Pizzi dei Piani
3158
Cantoniera di Teggiate
Strada d. Spluga
Rodond
2830
Alp d'Ocola
Forcola
Piz Curciusa
2871
Boffalora
Val di Passit
2082
Fregeira
Fies
Passo di Balniscio
2358
Ísola
Casone
Val Lògna
Pass di Passit
P.d'Arbeola
2600
Raseri
Madési
(1534)
Spina
Strada del San Bernardino
Valle Febbraro
Calancasca
P.Pian Grand
2689
Pián San Giácomo
Cima di Barna
2862
2812
Monte Tignoso
2376
Pianazzo
Val
Motta
(1725)
Pián San Giácomo
Monte Bardan
Starléggia
2652
Alta Burasca
Mesocco-Nord
Stabi
Cebbia
Andergia
2718
Pizzo di Montagna
San Sisto
Corti
Fracíscio
Val Large
Alpe de Trescolmen
Anzone
Campodolcino
Cima de Gagela
2805
Logiano
Mesocco
(791)
ITALIA
Gualdera
Prestone
Alp de Pindeira
Castello di Misox
Deira
Mesocco-Sud
Piz Corbet
3025
Pizzo Truzzo
2723
Bondeno
Soazza
Gumegna
Piz Pombi
2967
Pizzo Pombi
Lago del Truzzo
Cimaganda
Torrente Liro
Lirone
Piz del'Ardion
2507
Pizzo Camoscie
Capanna Carlo ed Emilio
2467
Gallivaggio
Druna
Alp de Bec
Pizzo Torto
2714
Rif.di Buffalora
Alp de Crasteua
Mesolcina
Valle della Forcola
Pomareda
Valle del Drogo
San Bernardo
Fil de Nomnon
2633
Ara
Strada del San Bernardino
Piz Campanin
2554
Olmo
San Giacomo Filippo
Cabbiolo
E 43
Valle San Giacomo
Passo della Fórcola
2226
Sommarovina
Piana
P.de Groven
2694
Lostallo
Lostallo
Alp de M
Berteda
Alp de V. d'
Alpe Calones
Bette
119

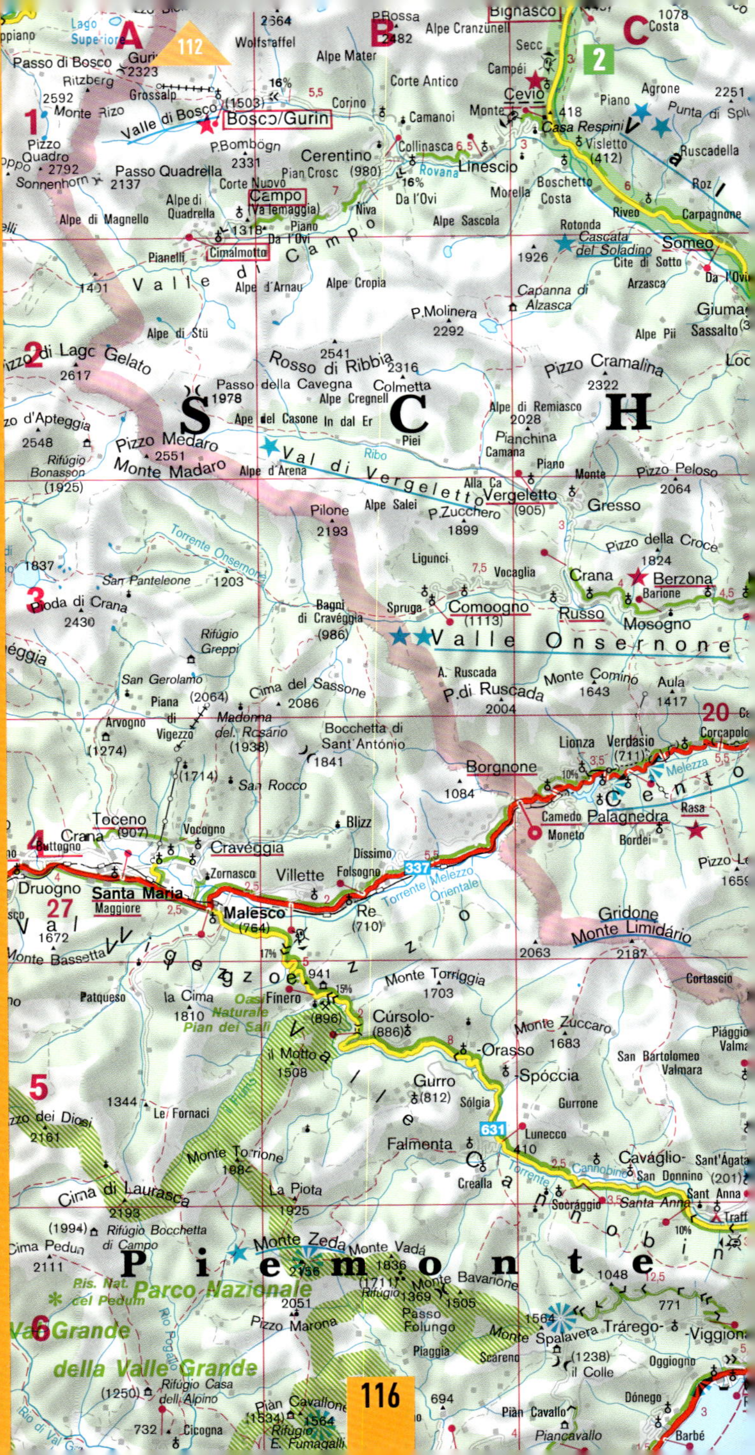

A
B
C
112
2
1
2
3
4
5
6
20
27
Lago Superiore
Gurin 2323
Wolfsraffel
2364
P. Rossa 2482
Alpe Cranzunell
Bignasco
Costa
1078
Passo di Bosco
Ritzberg
Grossalp
2592
Monte Rizo
Valle di Bosco
(1503)
Bosco/Gurin
Alpe Mater
Corte Antico
Corino
Camanoi
Secc
Campéi
Cevio
Monte
418
Piano
Agrone
2251
Punta di Spluga
Casa Respini
Visletto (412)
Ruscadella
Pizzo Quadro 2792
Sonnenhorn
Passo Quadrella 2137
P. Bombögn 2331
Corte Nuovo
Cerentino
Pian Crosc (980)
Collinasca
Rovana
Linescio
Campo (Vallemaggia)
Alpe di Quadrella
Alpe di Magnello
1318
Niva
Piano
Da l'Ovi
Da l'Ovi
Alpe Sascola
Morella
Boschetto
Costa
Riveo
Roz
Carpagnone
Cimalmotto
Pianelli
Valle di Campo
Rotonda
Cascata del Soladino
Someo
1926
Cite di Sotto
Arzasca
Da l'Ovi
1401
Alpe d'Arnau
Alpe Cropia
Capanna di Alzasca
Giumaglio
P. Molinera 2292
Alpe di Stü
Alpe Pii
Sassalto
Pizzo di Lago Gelato 2617
2541
Rosso di Ribbia
2316
Pizzo Cramalina 2322
Passo della Cavegna 1978
Colmetta
Alpe Cregnell
Alpe di Remiasco 2028
Pizzo d'Apteggia 2548
Ape del Casone
In dal Er
Piei
S
C
H
Pianchina
Camana
Piano
Rifúgio Bonasson (1925)
Pizzo Medaro 2551
Monte Madaro
Alpe d'Arena
Ribo
Val di Vergeletto
Alla Ca
Vergeletto (905)
Monte
Pizzo Peloso 2064
Gresso
Pilone 2193
Alpe Salei
P. Zucchero 1899
Torrente Onsernone
1837
San Panteleone
1203
Ligunci
Vocaglia
Pizzo della Croce 1824
Crana
Berzona
Barione
Pioda di Crana 2430
Bagni di Cravéggia (986)
Spruga
Comoogno (1113)
Russo
Mosogno
Rifúgio Greppi
Valle Onsernone
Cravéggia
San Gerolamo
A. Ruscada
P. di Ruscada 2004
Monte Comino 1643
Aula 1417
Piana di Vigezzo
(2064)
Cima del Sassone 2086
Arvogno (1274)
Madonna del Rosário (1938)
Bocchetta di Sant'António 1841
Lionza
Verdásio (711)
Corcapolo
(1714)
San Rocco
Borgnone 1084
Melezza
Centovalli
Camedo
Palagnedra
Rasa
Moneto
Bordei
Toceno (907)
Crana
Buttogno
Vocogno
Craveggia
Blizz
Díssimo
Pizzo Leone 1659
Druogno
Santa Maria Maggiore
Zornasco
Villette
Folsogno
337
Torrente Melezzo Orientale
Malesco (764)
Re (710)
Val Vigezzo
1672
Monte Bassetta
Gridone
Monte Limidário 2187
2063
941
Monte Torriggia 1703
Cortascio
Patquesso
la Cima 1810
Oasi Naturale Pian dei Sali
Finero (896)
Cúrsolo-Orasso (886)
Monte Zuccaro 1683
Piággio Valmara
San Bartolomeo Valmara
il Motto 1508
Spóccia
Gurro (812)
Sólgia
Gurrone
Valle Cannobina
1344
Le Fornaci
Pizzo dei Diosi 2161
Falmenta
631
Lunecco 410
Monte Torrione 1984
Crealla
Cavaglio-San Donnino
Sant'Ágata (201)
Cannobino
Cima di Laurasca 2193
La Piota 1925
Socrággio
Santa Anna
Sant Anna
Traffiume
(1994)
Rifúgio Bocchetta di Campo
Cima Pedum 2111
Monte Zeda 2156
Monte Vadá
Piemonte
1836 (1711) Rifúgio
Monte Bavarione 1505
1048
Ris. Nat. del Pedum
Parco Nazionale della Valle Grande
1369
771
2051
Val Grande
Rio Pogallo
Pizzo Marona
Passo Folungo
1564
Monte Spalavera
Trárego-Viggiona
Piaggia
Scareno
(1238)
il Colle
Oggiogno
(1250)
Rifúgio Casa dell'Alpino
Pian Cavallone
(1534)
1564
Rifúgio E. Fumagalli
694
Pian Cavallo
Piancavallo
Dónego
732
Cicogna
Barbé
Rio di Val Gabbio

Sonogno
Frasco
Serte
Valdone
Efra
Cima d'Efra
2577
Sciresa
Cassinone
113
Alpe Sambuco
P.Rasia
2684
Alpe Osola
P.delle
2381
Pecore
Alpe Spluga
P.Cassagno
2435
Conscina
Croce
Val d'Ambra
P.Ricuca
2279
1062
Cima di Gagnone
Gerra
(Verzasca)
(810)
Alpe Motto
2518
Alpe Rierna
2km
Alpe Bri
Alpe Repiano
Cortesello
Poncione della Marcia
2454
Valle d'Osola
Pianascio
Corona
Alpe Lignasc
2520
Tencio
Alnasca
Pizzi del Rabbioso
2267
Corte Nuovo
Cima di Bri
Poncione Rosso
P.Piancascia
2360
Bolastro
Brione
(Verzasca)
P.d'Alnasca
2301
Agro
2505
Alpe Stüe
Val d'Agro
P.Morisciöi
2065
Antrona
P.Cortiscio
2244
Alpe Fümegna
Pincascia
Vasasca
Setmeo
Chiosetto
Motta
Val Pincascia
Alpe Cornavosa
Forno
2477
Coglio
Maiasco
Madone di Giove
2244
Revoira
Sambuco
Eus
Poncione dei Laghetti
Cascata del Fozzàcio
Sambiiie
Cima d'Aiarlo
1880
Ponte dei Salti
Verzasca
Lavertezzo
Val Carecchio
W
E
I
Z
Màggia
Aiarlo
Alpe Nimi
La Mara
1984
2439
Poncione di Piotta
Santa Maria delle Grazie
2219
Pizzo d'Orgnana
Corippo
P.di Vogorno
2395
2442
Moghegno
(317)
Ronchini
Brunescio
Madone
Aurigeno
Gordévio
San Bartolomeo
Cima dell'
Ronchi
Briée
Villa
Cortascia
Madone
2039
Pregossa
Odro
Vogorno
Rienza
2390
Teia
1396
Salmone
1560
Dunzio
2
Mergóscia
Berzona
Lago di Vogorno
Val di Mergoscia
Cima di Sassello
1890
Cima di Mor
3
1905
Avegno
Avegno di Fuori
Cimetta
1672
Caviglianо
Tegna
Cardada
Chiodo
San Bernardo
Contra
Monti di Motti
Ponte Brolla
Monte Bré
Brione
Costa
Gordola
Monti di Ditto
Intragna
Golino
Verscio
Orselina
(205)
Rongia
Gaggiole
Medoscio
Agarone
Madonna del Sasso
(365)
Tenero
Artore
Solduno
Minúsio
(242)
San Vittore
Gerra Piano
Cugnasco
Progero
Losone
Arcegno
San Rocco
(235)
Muralto
13
Piano di Magad
Coronna dei Pinci
1294
Balladrum
Monte Verità
(199)
Locarno
12
(198)
16
4
Ronco sopra Ascona
Ascona
Magadino
Ponte
Cadenaz
Contone
Quartino
Porto Ronco
Vira
Monte Cénere
554
Giardino botanico
193
Piazzogna
Fosano
Orgnana
Ìsole di Brissago
San Nazzaro
Vairano
1471
Robas
Casenzano
Rivera
Gerra Gambarogno
Ronco
1
Cima di Ma
Brissago
Alpe Foppa
Soresina
29
1260
Ponte
26
Rivera
Capidogno
Bironico
Madonna di Ponte
Ranzo
Sant'Abbóndio
Monte Gambarogno
1734
Alpe di Néggia
Dirinella
Caviano
1395
1962
Rifúgio Mto. Rotondo
Sorencino
Pino del Lago Maggiore
(289)
Scaiano
Paglione
Monte Tamaro
Légue
Bassano
1554
Sant' Anna
Vira
Camig
5
Tronzano
Indemini
(939)
Mezzovico
342
Lago Maggiore
Biegno
Monte Gradiccioli
1936
E35
2
Monte Bi
1188
Monte Borgna
1158
Lago Délio
Monte Sirti
1344
Cannóbio
930
la Forcora
(1179)
Lozzo
Sigirino
36
(214)
(214)
Santuario d'Pietà
Armio
Montevias
Taverne
Musignano
Gráglio
Veddasca
Monte Magno
1636
Monte Ferraro
1494
Sala
Ponte Capriasca
Cádero
670
Torrente Giona
Curíglia con-
Torricella
Campagnano
Garabiolo
Monte Gradisca
1057
Mugena
Origlio
Maccagno
Vezio
Bedano
Cármine-Superiore
(208)
Monte Lema
1621
Arósio
Lamone
La Madónnia
Gravesano
6
Castelli di Cannero
Agra
(655)
Due Cossani
Fescoggia
Breno
Cureg
Comano
Colmegna
1
Manno
Runo
120
Vezia
Porz
Dumenza
(411)
Miéglia
Cademário
Luganese
49
Lugano Nord
Poppino
Astano
Aranno
Bioggio
394
Massagno

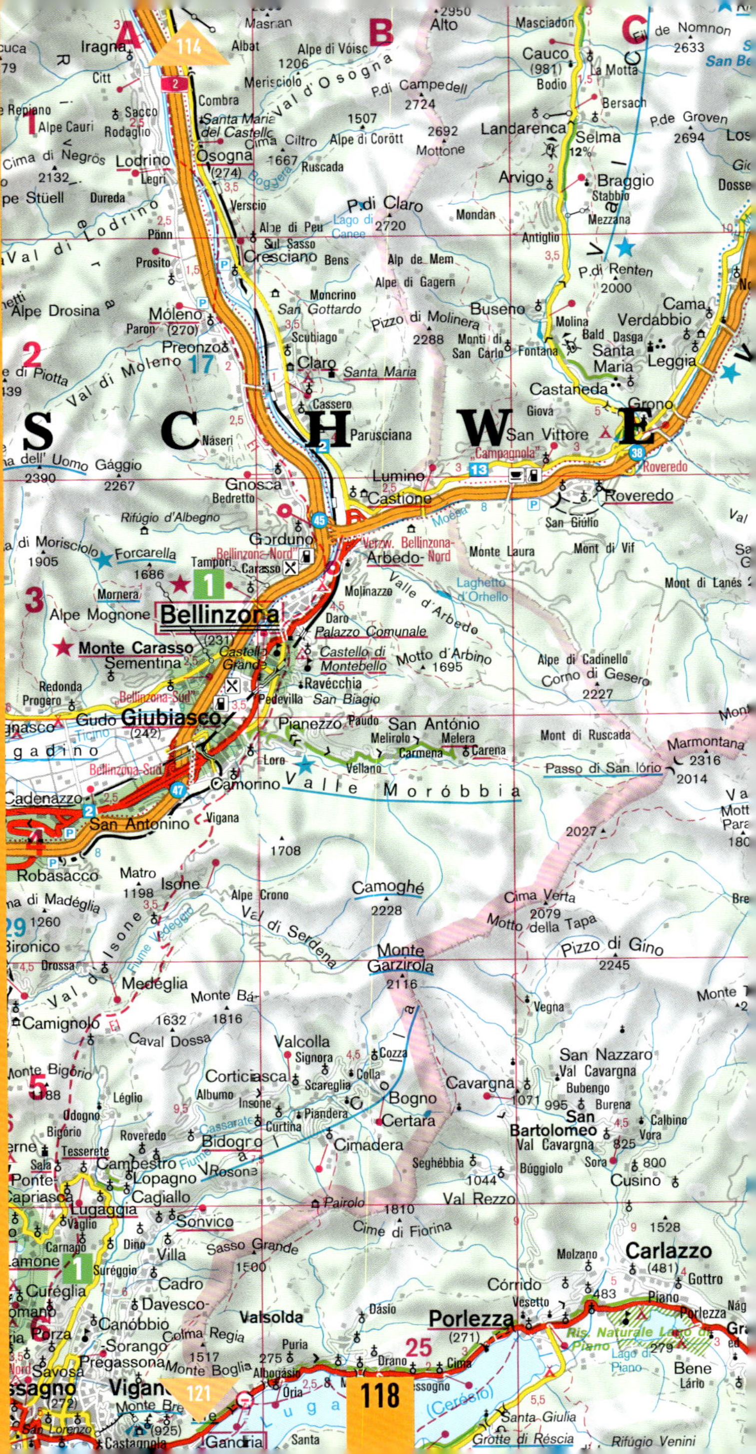
114
121
A
B
C
1
2
3
4
5
6
S
C
H
W
E
Iragna
Masnan
Albat
Alpe di Vóisc
1206
Alto
2950
Masciadon
Fil de Nomnon
2633
Cauco
(981)
Bodio
La Motta
Citt
Merisciolo
Val d'Osogna
P.di Campedell
2724
Bersach
Repiano
Sacco
Rodaglio
Alpe Cauri
Combra
Santa Maria del Castello
1507
2692
Mottone
Landarenca
Selma
12%
P.de Groven
2694
Cima di Negrös
2132
Lodrino
Legri
Osogna
(274)
Cima
Ciltro
1667
Alpe di Corött
Ruscada
Arvigo
Braggio
Stabbio
Mezzana
Alpe Stüell
Dureda
Val di Lodrino
Boggera
Verscio
P.di Claro
2720
Lago di Canee
Mondan
Antiglio
Pönn
Alpe di Peu
Sul Sasso
Cresciano
Bens
Alp de Mem
Alpe di Gagern
P.di Renten
2000
Prosito
Val di
Moncrino
San Gottardo
Pizzo di Molinera
2288
Buseno
Cama
Verdabbio
Molina
Bald
Dasga
Alpe Drosina
Moleno
(270)
Paron
Preonzo
Scubiago
Monti di San Carlo
Fontana
Santa Maria
Leggia
17
Val di Moleno
Claro
Santa Maria
Castaneda
Grono
Cassero
Giova
San Vittore
Campagnola
38
Roveredo
Alpe di Piotta
Näseri
Parusciana
13
Lumino
Castione
Roveredo
Moesa
San Giulio
Cima dell' Uomo
2390
Gággio
2267
Gnosca
Bedretto
Rifúgio d'Albegno
45
Gorduno
Bellinzona-Nord
Verzw. Bellinzona-Nord
Arbedo
Monte Laura
Mont di Vif
Cima di Morisciolo
1905
Forcarella
1686
Tamporí
Carasso
Molinazzo
Valle d'Arbedo
Laghetto d'Orbello
Mont di Lanés
Mornera
Alpe Mognone
Bellinzona
(231)
Daro
Palazzo Comunale
Monte Carasso
Sementina
Castello Grande
Castello di Montebello
Motto d'Arbino
1695
Alpe di Cadinello
Corno di Gesero
2227
Redonda
Progero
Bellinzona-Sud
Ravécchia
Pedevilla
San Biagio
Gudo
Giubiasco
(242)
Ticino
Pianezzo
Paudo
San António
Melirolo
Melera
Carmena
Carena
Mont di Ruscada
Marmontana
2316
2014
Passo di San Iório
Piano di Magadino
Bellinzona-Sud
Loro
Vellano
Camorino
Valle Moróbbia
47
Cadenazzo
San Antonino
Vigana
2027
Robasacco
Matro
1198
Isone
1708
Camoghé
2228
Cima di Medéglia
1260
Alpe Crono
Val di Serdena
Cima Verta
2079
Motto della Tapa
Pizzo di Gino
2245
Bironico
Drossa
Val d'Isone
Fiume Vedeggio
Monte Garzirola
2116
Medeglia
Monte Bar
1816
1632
Vegna
Monte
Camignolo
Caval Dossa
Valcolla
Signora
Cozza
Colla
Scareglia
San Nazzaro
Val Cavargna
Bubengo
Monte Bigorio
Corticiasca
Albumo
Insone
Piandera
Curtina
Cavargna
1071
995
Burena
Léglio
Bogno
Certara
San Bartolomeo Val Cavargna
Calbino
Vora
825
Odogno
Bigório
Roveredo
Cassarate
Bidogno
Rosone
Cimadera
Seghébbia
1044
Búggiolo
Sora
800
Cusino
Tesserete
Sala
Campestro
Lopagno
Cagiallo
Lugaggia
Vaglio
Sonvico
Pairolo
1810
Val Rezzo
Ponte Capriasca
Carnago
Dino
Villa
Sasso Grande
1500
Cime di Fiorina
1528
Carlazzo
(481)
Gottro
Suréggio
Cureglia
Cadro
Molzano
Córrido
483
Vesetto
Piano
Porlezza
Davesco
Canóbbio
Sorango
Valsolda
Dásio
Porlezza
(271)
Ris. Naturale Lago di Piano
Lago di Piano
279
Bene Lário
Pregassona
Colma Regia
1517
Monte Boglia
Puria
275
Albogásio
Drano
Cima
25
Savosa
Massagno
(272)
Viganello
Monte Brè
(925)
Oria
Lago di Lugano (Ceresio)
essogno
Santa Giulia
Lugano
San Lorenzo
Castagnola
Gandria
Santa
Grotte di Réscia
Rifúgio Venini

115
D
E
F
Pomareda
Ara
Valle della Forcola
Piz Campanin
2554
Valle del Drogo
San Bernardo
Olmo
San Giacomo Filippo
Piuro
Prosto
(382)
Borgonuovo
Val de Montogn
Passo della Fórcola
2226
Monte Mater
2416
Sommarovina
Pianazzola
Alp de Montogn
Alpe Calones
Bette
Scandolera
Chiavenna
Berteda
Alp de V. d'Arbola
2675
Pizzo della Fórcola
Alp de Bon
Menarola
Mese
Uschione
Ris. Nat. Marmitte
Foppo
Voga
Prata Camporta
(352)
2476
Pizzo Piodella
2392
Castanedi
Gradesella
San Vittore
Coloredo
Sorte
Dosso Mottone
1909
Gordona
(260)
Stoveno
Pizzo Settaggiolo fuori
Sass Castel
2516
Alp de Poz
il Mottone
2053
Malaguárdia
Pizzo Settaggiolo dentro
2565
Bodengo
Pra Pince
San Cassiano
Valchiavenna
Bedolina
Porettina
2576
Pizzo Roggione
Valle Bodengo
Bedogna
San Pietro
Alp del Lago
Il Pizzer
2216
Monte Borlasca
1778
Monastero
Cima Lavi
Somággia
Z
Piano di Chiavenna
1540
Corte Prima
Samólaco
(213)
2218
Pizzo Cavregasco
2535
Sant'Andrea
Era
36
Pizzo Paglia
2459
Pizzo Anna Maria
2593
Pizzo Martello
Pizzo Ledú
2360
2477
Lago di Darengo
Rifúgio Como
Valle di Livo
Paiedo
Casende
Pizzo Sasso Canale
2325
Cardinello
2520
Monte Cardinello
Novate
Valle del Dosso
Monte la Nava
1955
1930
San Fedelino
3
Monte Duria
2264
Monte Berlinghera
Lago di Mezzola
1973
San Bartolomeo
Albónico
I T A L I A
Peledo
Bugiallo
Dáscio
Monte Piaghedo
1454
Piaghedo
Montalto
Montemezzo
Burano
Trezzone
Bodone
Sórico
San Iório
Roiena
Prennaro
Dosso del Liro
Livo
Caino
Aurogna
Gera Lário
il Passo
Nuova Olonio
Torrente Liro
340 dir.
Péglio
Vercana
Piano di Spagna
4
36
Monte Cortafon
1688
Consíglio di Rumo
199
Domaso
Gravedona
(202)
Forte Fuentes
Sant'Agata
402
Germásino
Stazzona
Cólico
(218)
Curcio
Garzeno
Mossanzonico
Pomaro
Catasco
Abbazia di Piona
Piantedo
38
28
Dongo
(208)
Olgiasca
Villático
Musso
Borgonuova
Corte
36
Pianello del Lário
Rovezzano
Calozza
Dório
Rifúgio Bellano
Monte Sommafiume
Monte Bregagno
2107
Maggiana
Mianido
1450
Rifúgio Róccoli
Monte Legnone
2609
5
Grotti di Panello
Mte. Legnoncino
1714
Crémia
San Vito
Corenno Plínio
Suéglio
San Martino
Semurano
Vestreno
Introzzo
Alpe Vesina
Santa Maria Rezzónico
Dérvio
(238)
Áveno
Pizzo Alto
2518
Treccione
Torrente Varrone
Treménico
Rezzónico
Santa Maria
Rifúgio Pizzo
Garcente
Pagnona
Sennago
Abbóndio
Acquaséria
Brélia
340 dir.
Oro
Noceno
Lago di Como
Plésio
Monte Croce di Muggio
1754
Giumello
Bellano
(204)
Lezzeno
Rifúgio Vittoria
Somadino
Premana
(1000)
Barna
Calveséglio
Ombriaco
2km
6
Codogna
Nobiallo
Bonzeno
Codesino
Casargo
Villa Bagatti Valsecchi
Vendrogna
Valle Varrone
Loveno
Menággio
(203)
Narro
Indovero
Margno
Regoledo
Taceno
Croce
Castel di Vézio
Bologna
Cimone di Margno
1801
Perledo
Vegno
Crándola
Pizzo Co

117
Maccagno
Cànnero Riviera
Luino
Germignaga
Porto Valtravàglia
Monte Lema
Dumenza
Astano
Sessa
Monteggio
Cremenaga
Montegrino
Ponte Tresa
Lavena
Cadegliano-Marchirolo
Cugliate Fabiasco
Cunardo
Mesenzana
Grantola
Brissago Valtravàglia
Ferrera di Varese
Arcumèggia
Duno
Cuvéglio
Cùvio
Masciago Primo
Bèdero Valcùvia
Valganna
Cuasso al Monte
Porto Cerésio
Besano
Bisuschio
Sàltrio
Viggiù
Arcisate
Induno Olona
Parco del Campo dei Fiori
Campo dei Fiori
Trevisago
Cócquio
Gavirate
Comério
Luvinate
Barasso
Casciago
Biandronno
Lago di Varese
Bodio
Buguggiate
Galliate Lombardo
Ternate
Varano Borghi
Davério
Azzate
Gazzada
Schianno
Malnate
Cantello
Binago
Vedano Olona
Caronno-Corbellaro
Morazzone
Castronno
Castiglione Olona
Casale Litta
Mornago
Sumirago
Venegono Inferiore
Vergiate
Albizzate
Caronno Varesino
Carnago
Solbiate
Jerago con Orago
Tradate
VARESE
ITALIA
Lombardia
120

118
121
LUGANO
Paradiso
Campione d'Italia
Porlezza
Carlazzo
Valsolda
Viganello
Gandria
Lugano (Ceresio)
Osteno
Claino
Ponna
Lanzo d'Intelvi
Laino
San Fedele Intelvi
Pellio Intelvi
Castiglione d'Intelvi
Blessagno
Pigra
Dizzasco
Cerano d'Intelvi
Casasco d'Intelvi
San Zeno
Schignano
Argegno
Lézzeno
Brienno
Nesso
Torno
Moltrasio
Carate-Urio
Blévio
Cernóbbio
Maslianico
CHIASSO
Mendrisio
Monte Generoso
Monte Bisbino
Monte Bolletto
CÍVIGLIO
Tavernério
Albavilla
COMO
Montano-Lucino
Villa Guárdia
Grandate
Lipomo
Montórfano
Orsenigo
Capiago-Intimiano
Alzate Brianza
Senna Comasco
Bernate
Casnate con
Cucciago
Cantù
Fino Mornasco
Cadorago
Appiano
Guanzate
Lurate-Caccivio
Bulgarograsso
Cassina Rizzardi
Luisago
Olgiate Comasco
San Fermo della Battaglia
Cavallasca
Parco della Spina Verde
Parco della Brughiera
ITALIA
SCHWEIZ
Lago di Como
2km

# KARTENLEGENDE

| Deutsch | Symbol | English |
|---|---|---|
| Autobahn · Gebührenpflichtige Anschlussstelle · Gebührenstelle · Anschlussstelle mit Nummer · Rasthaus mit Übernachtung · Raststätte · Kleinraststätte · Tankstelle · Parkplatz mit und ohne WC | Trento 11 P P | Motorway · Toll junction · Toll station · Junction with number · Motel · Restaurant · Snackbar · Filling-station · Parking place with and without WC |
| Autobahn in Bau und geplant mit Datum der Verkehrsübergabe | Datum Date | Motorway under construction and projected with completion date |
| Zweibahnige Straße (4-spurig) | | Dual carriageway (4 lanes) |
| Fernverkehrsstraße · Straßennummern | 14 E45 | Trunk road · Road numbers |
| Wichtige Hauptstraße | | Important main road |
| Hauptstraße · Tunnel · Brücke | | Main road · Tunnel · Bridge |
| Nebenstraßen | | Minor roads |
| Fahrweg · Fußweg | | Track · Footpath |
| Wanderweg (Auswahl) | | Tourist footpath (selection) |
| Eisenbahn mit Fernverkehr | | Main line railway |
| Zahnradbahn, Standseilbahn | | Rack-railway, funicular |
| Kabinenschwebebahn · Sessellift | | Aerial cableway · Chair-lift |
| Autofähre | | Car ferry |
| Personenfähre | | Passenger ferry |
| Schifffahrtslinie | | Shipping route |
| Naturschutzgebiet · Sperrgebiet | | Nature reserve · Prohibited area |
| Nationalpark, Naturpark · Wald | | National park, natural park · Forest |
| Straße für Kfz. gesperrt | | Road closed to motor vehicles |
| Straße mit Gebühr | | Toll road |
| Straße mit Wintersperre | XII-II | Road closed in winter |
| Straße für Wohnanhänger gesperrt bzw. nicht empfehlenswert | | Road closed or not recommended for caravans |
| Touristenstraße · Pass | Weinstraße 1510 | Tourist route · Pass |
| Schöner Ausblick · Rundblick · Landschaftlich bes. schöne Strecke | | Scenic view · Panoramic view · Route with beautiful scenery |
| Heilbad · Schwimmbad | | Spa · Swimming pool |
| Jugendherberge · Campingplatz | | Youth hostel · Camping site |
| Golfplatz · Sprungschanze | | Golf-course · Ski jump |
| Kirche im Ort, freistehend · Kapelle | | Church · Chapel |
| Kloster · Klosterruine | | Monastery · Monastery ruin |
| Schloss, Burg · Schloss-, Burgruine | | Palace, castle · Ruin |
| Turm · Funk-, Fernsehturm | | Tower · Radio-, TV-tower |
| Leuchtturm · Kraftwerk | | Lighthouse · Power station |
| Wasserfall · Schleuse | | Waterfall · Lock |
| Bauwerk · Marktplatz, Areal | | Important building · Market place, area |
| Ausgrabungs- u. Ruinenstätte · Bergwerk | | Arch. excavation, ruins · Mine |
| Dolmen · Menhir · Nuraghen | | Dolmen · Menhir · Nuraghe |
| Hünen-, Hügelgrab · Soldatenfriedhof | | Cairn · Military cemetery |
| Hotel, Gasthaus, Berghütte · Höhle | | Hotel, inn, refuge · Cave |
| **Kultur** | | **Culture** |
| Malerisches Ortsbild · Ortshöhe | WIEN (171) | Picturesque town · Elevation |
| Eine Reise wert | ★★ MILANO | Worth a journey |
| Lohnt einen Umweg | ★ TEMPLIN | Worth a detour |
| Sehenswert | Andermatt | Worth seeing |
| **Landschaft** | | **Landscape** |
| Eine Reise wert | ★★ Las Cañadas | Worth a journey |
| Lohnt einen Umweg | ★ Texel | Worth a detour |
| Sehenswert | Dikti | Worth seeing |
| **Ausflüge & Touren** | | **Excursions & tours** |

# FÜR IHRE NÄCHSTE REISE

## gibt es folgende MARCO POLO Titel:

### DEUTSCHLAND
Allgäu
Amrum/Föhr
Bayerischer Wald
Berlin
Bodensee
Chiemgau/Berchtesgadener Land
Dresden/Sächsische Schweiz
Düsseldorf
Eifel
Erzgebirge/Vogtland
Franken
Frankfurt
Hamburg
Harz
Heidelberg
Köln
Lausitz/Spreewald/Zittauer Gebirge
Leipzig
Lüneburger Heide/Wendland
Mark Brandenburg
Mecklenburgische Seenplatte
Mosel
München
Nordseeküste Schleswig-Holstein
Oberbayern
Ostfriesische Inseln
Ostfriesland/Nordseeküste Niedersachsen/Helgoland
Ostseeküste Mecklenburg-Vorpommern
Ostseeküste Schleswig-Holstein
Pfalz
Potsdam
Rheingau/Wiesbaden
Rügen/Hiddensee/Stralsund
Ruhrgebiet
Schwäbische Alb
Schwarzwald
Stuttgart
Sylt
Thüringen
Usedom
Weimar

### ÖSTERREICH | SCHWEIZ
Berner Oberland/Bern
Kärnten
Österreich
Salzburger Land
Schweiz
Tessin
Tirol
Wien
Zürich

### FRANKREICH
Bretagne
Burgund
Côte d'Azur/Monaco
Elsass
Frankreich
Französische Atlantikküste
Korsika
Languedoc-Roussillon
Loire-Tal
Nizza/Antibes/Cannes/Monaco
Normandie
Paris
Provence

### ITALIEN | MALTA
Apulien
Capri
Dolomiten
Elba/Toskanischer Archipel
Emilia-Romagna
Florenz
Gardasee
Golf von Neapel
Ischia
Italien
Italienische Adria
Italien Nord
Italien Süd
Kalabrien
Ligurien/Cinque Terre
Mailand/Lombardei
Malta/Gozo
Oberital. Seen
Piemont/Turin
Rom
Sardinien
Sizilien/Liparische Inseln
Südtirol
Toskana
Umbrien
Venedig
Venetien/Friaul

### SPANIEN | PORTUGAL
Algarve
Andalusien
Barcelona
Baskenland/Bilbao
Costa Blanca
Costa Brava
Costa del Sol/Granada
Fuerteventura
Gran Canaria
Ibiza/Formentera
Jakobsweg/Spanien
La Gomera/El Hierro
Lanzarote
La Palma
Lissabon
Madeira
Madrid
Mallorca
Menorca
Portugal
Sevilla
Spanien
Teneriffa

### NORDEUROPA
Bornholm
Dänemark
Finnland
Island
Kopenhagen
Norwegen
Schweden
Stockholm
Südschweden

### WESTEUROPA | BENELUX
Amsterdam
Brüssel
Dublin
England
Flandern
Irland
Kanalinseln
London
Luxemburg
Niederlande
Niederländische Küste
Schottland
Südengland

### OSTEUROPA
Baltikum
Budapest
Estland
Kaliningrader Gebiet
Lettland
Litauen/Kurische Nehrung
Masurische Seen
Moskau
Plattensee
Polen
Polnische Ostseeküste/Danzig
Prag
Riesengebirge
Russland
Slowakei
St. Petersburg
Tschechien
Ungarn
Warschau

### SÜDOSTEUROPA
Bulgarien
Bulgarische Schwarzmeerküste
Kroatische Küste/Dalmatien
Kroatische Küste/Istrien/Kvarner
Montenegro
Rumänien
Slowenien

### GRIECHENLAND | TÜRKEI | ZYPERN
Athen
Chalkidiki
Griechenland Festland
Griechische Inseln/Ägäis
Istanbul
Korfu
Kos
Kreta
Peloponnes
Rhodos
Samos
Santorin
Türkei
Türkische Südküste
Türkische Westküste
Zakinthos
Zypern

### NORDAMERIKA
Alaska
Chicago und die Großen Seen
Florida
Hawaii
Kalifornien
Kanada
Kanada Ost
Kanada West
Las Vegas
Los Angeles
New York
San Francisco
USA
USA Neuengland/Long Island
USA Ost
USA Südstaaten/New Orleans
USA Südwest
USA West
Washington D.C.

### MITTEL- UND SÜDAMERIKA
Argentinien
Brasilien
Chile
Costa Rica
Dominikanische Republik
Jamaika
Karibik/Große Antillen
Karibik/Kleine Antillen
Kuba
Mexiko
Peru/Bolivien
Venezuela
Yucatán

### AFRIKA | VORDERER ORIENT
Ägypten
Djerba/Südtunesien
Dubai/Vereinigte Arabische Emirate
Israel
Jerusalem
Jordanien
Kapstadt/Wine Lands/Garden Route
Kenia
Marokko
Namibia
Qatar/Bahrain/Kuwait
Rotes Meer/Sinai
Südafrika
Tunesien

### ASIEN
Bali/Lombok
Bangkok
China
Hongkong/Macau
Indien
Japan
Ko Samui/Ko Phangan
Malaysia
Nepal
Peking
Philippinen
Phuket
Rajasthan
Shanghai
Singapur
Sri Lanka
Thailand
Tokio
Vietnam

### INDISCHER OZEAN | PAZIFIK
Australien
Malediven
Mauritius
Neuseeland
Seychellen
Südsee

# REGISTER

*Im Register sind alle in diesem Reiseführer erwähnten Orte und Ausflugsziele verzeichnet. Halbfette Seitenzahlen verweisen auf den Haupteintrag, kursive auf ein Foto.*

## > SCHREIBEN SIE UNS!

*Liebe Leserin, lieber Leser,*

wir setzen alles daran, Ihnen möglichst aktuelle Informationen mit auf die Reise zu geben. Dennoch schleichen sich manchmal Fehler ein – trotz gründlicher Recherche unserer Autoren/innen. Sie haben sicherlich Verständnis, dass der Verlag dafür keine Haftung übernehmen kann.

Wir freuen uns aber, wenn Sie uns schreiben.

Senden Sie Ihre Post an die
MARCO POLO Redaktion,
MAIRDUMONT, Postfach 31 51,
73751 Ostfildern,
info@marcopolo.de

## IMPRESSUM

Titelbild: Mimosen bei Brissago am Lago Maggiore (Huber: van Hoorick)
Fotos: Aero Locarno SA (93 M. r.); O. Baumli (19); Brauerei Locher AG (15 M.); Thio Christian (12 u.); Sascha Corti (93 u. r.); W. Dieterich (2 l., 3 M., 3 r., 8/9, 21, 44, 47, 64/65, 66, 70, 83, 86/87, 90, 110/111); dpa/Keystone: Trezzini (22); R. Freyer (5, 32); R. Gerth (16/17, 27, 42/43, 56, 68/69, 78/79, 85); R. M. Gill (U. r., 49); HB Verlag: (23), Mosler (94/95), Schneider/Will (3 l., 4 l., 35, 38, 41, 54, 63, 75, 80, 97), Werner (4 r., 24/25, 28, 28/29, 29, 30/31, 37, 89, 98/99); Hotel Giardino (93 M. l.); Huber: Eigstler (6/7), Gräfenhain (2 r.), van Hoorick (1); Marlen Hugentobler (12 o.); © iStockphoto.com: Don Bayley (93 o. l.), Jenny Horne (92 o. l.), Andy Hwang (14 u.), Steven Miric (92 u. r.), Juan Monino (15 u.), Dejan Šarman (92 M. r.); Rute Jose (13 u.); G. Jung (U. M., 11, 73); Laif: Eid (50); Mauritius: imagebroker (22/23), Kirchherr (26), Kowall (76); M. Müller (126); Massimo Pacciorini (14 o.); Parcoavventura (92 M. l.); S. Randebrock (48, 61); Schweizer Wanderwege/Suisse Rando (15 o.); T. Stankiewicz (U. l., 53, 58/59, 101); Frank H. Wolf (13 o.)

**4. (8.), aktualisierte Auflage 2009**

Chefredaktion: Michaela Lienemann, Marion Zorn
Autoren: Jürg Steiner/Manuschak Karnusian; Bearbeitung: Myrte Müller; Redaktion: Nikolai Michaelis
Programmbetreuung: Cornelia Bernhart, Jens Bey; Bildredaktion: Silwen Randebrock, Gabriele Forst
Szene/24h: wunder media, München
Kartografie Reiseatlas: © MAIRDUMONT, Ostfildern
Innengestaltung: Zum goldenen Hirschen, Hamburg; Titel/S. 1–3: Factor Product, München
Sprachführer: in Zusammenarbeit mit Ernst Klett Sprachen GmbH, Stuttgart, Redaktion PONS Wörterbücher

Printed in Germany. Gedruckt auf 100% chlorfrei gebleichtem Papier

# > UNSERE INSIDERIN

## MARCO POLO Korrespondentin Myrte Müller im Interview

**Die Journalistin Myrte Müller wuchs am Lago Maggiore auf und kehrte nach zwei Jahrzehnten im Ausland 2000 in ihre Tessiner Heimat zurück.**

### Wieso leben Sie im Tessin?

Ich lebe seit acht Jahren im Tessin. Vorher war ich neun Jahre als Japankorrespondentin für den Axel-Springer-Verlag in Osaka tätig. Als klar wurde, dass ich nach Europa zurückkehren würde, stellte sich die Frage: Deutschland oder Schweiz? Ich bin in Brissago am Lago Maggiore aufgewachsen und dort zur Schule gegangen. In Deutschland habe ich studiert und viele Jahre als Journalistin gearbeitet. Richtige Heimatgefühle hatte ich all die Jahre aber nur fürs Tessin.

### Was reizt Sie dort?

Die Schönheit der Natur, der Täler, der Seen, das milde Klima, die italienische Küche, ein guter Merlot. Man lebt im Süden und doch mitten in Europa. Ich bin in zweieinhalb Stunden in Zürich, in anderthalb Stunden in Mailand, in dreieinhalb Stunden in Freiburg. Die Tessiner bringen Schweizer Zuverlässigkeit und Sauberkeit mit unbeschwerter, gemütlicher *italianità* unter einen Hut.

### Und was gefällt Ihnen nicht so?

Die Infrastruktur im Verkehrswesen könnte noch verbessert werden. Busse und Züge sollten häufiger fahren. Auch die Flugverbindungen ab Lugano-Agno müssten ausgebaut werden.

### Was machen Sie beruflich?

Ich lebe in Ascona und habe dort mein Büro. Ich bin Korrespondentin für die Nachrichtenabteilung der Schweizer Tageszeitung „Blick" und zuständig für alles, was im Tessin, in der Lombardei und im italienisch geprägten Teil Graubündens passiert.

### Sprechen Sie Italienisch

Ich bin zweisprachig aufgewachsen – Italienisch ist meine zweite Muttersprache.

### Mögen Sie die Tessiner Küche?

Ich liebe die italienische Küche – und die Tessiner Küche ist wie die italienische Küche. Es geht nichts über eine köstliche *spaghettata!*

### Was tun Sie in Ihrer Freizeit?

Ich glaube, ich bin eine Genießerin. Es gibt kaum etwas Schöneres für mich, als in einem gepflegten Tessiner Lokal zu sitzen, mitten in wunderbarer Natur, sehr gut zu essen und einen exzellenten Wein zu trinken.

### Können Sie sich vorstellen, auch wieder in Ihrem zweiten Heimatland zu leben?

Zurück nach Deutschland gehen und das Tessin aufgeben? Nein, das könnte ich wohl nicht.

# > BLOSS NICHT!

Tipps, um sich nicht zu blamieren und Gefahren zu vermeiden

## Überall gleich Deutsch sprechen

Immer wieder hört man, wie in Läden oder Restaurants ohne vorherige Rückfrage direkt auf Deutsch gefragt oder bestellt wird. Auf solch schnoddriges Nichtbeachten ihrer Sprache reagieren viele Tessiner allergisch. Mit einem freundlichen *Lei parla tedesco* („Sprechen Sie Deutsch")? öffnen Sie viele Türen. Die meisten Tessiner verstehen Deutsch und sind hilfsbereit, wenn sich jemand nicht auf Italienisch verständigen kann.

## Feuer entfachen

Ein Picknick im Wald, dazu ein Feuer, um die Würstchen zu braten: Beim Feuern, das grundsätzlich erlaubt ist, ist Vorsicht geboten. Im Tessin gibt es oft längere Trockenperioden. In Extremfällen kann dann schon eine achtlos ins Unterholz geworfene Zigarette ausreichen, einen kleinen Brandherd zu schaffen, der sich mit Hilfe des Windes rasch zum Waldbrand ausweiten kann. Erkundigen Sie sich im Hotel oder bei Ihrem Vermieter über den aktuellen Stand in Sachen *pericolo d'incendio!*

## Sorglos in Bergflüssen schwimmen

Der Sprung in den kühlen Bergbach, das Klettern auf dem Granitblock im Bachbett – einfach schön. Aber passen Sie auf: Die Bergbäche sind sehr kalt. Und an engen Stellen, bei Untiefen oder zwischen Felsen kann sich ein gewaltiger Sog entwickeln, der auch kräftige Taucher oder Schwimmer in die Tiefe reißt. Jedes Jahr ertrinken in Tessiner Gewässern mehrere Menschen – seien Sie vorsichtig, und lassen Sie vor allem Kinder niemals unbeaufsichtigt! Bedenken Sie auch, dass den meisten Fließgewässern im Oberlauf zur Stromgewinnung Wasser entnommen wird. Der Wasserstand kann, wenn Stauwasser abgelassen wird, in kürzester Zeit beträchtlich anschwellen.

## Kastanien, Pilze, Beeren zur falschen Zeit am falschen Ort sammeln

Kastanien essen gehört zum Tessiner Herbsterlebnis, und wenn sie selbst gesammelt und zubereitet sind, schmecken sie umso besser. Saison ist von Mitte September bis November. Auf Wegen und in wilden Kastanienhainen bestehen keine Sammelbeschränkungen. Einzig in gepflegten Hainen *(selve),* wo die Bäume oftmals mit Buchstaben oder Nummern markiert sind, ist es bis zum 10. November verboten, die Früchte aufzusammeln. Ab dem 11. November (in Hochlagen ab dem 25. November) darf überall gesammelt werden. Auch bei Pilzen müssen Schonzeiten respektiert werden. Sie dürfen nur von 7 bis 20 Uhr gesammelt werden. Und mehr als 3 kg pro Tag sind verboten. Ein absolutes Sammelverbot gilt vom 7. bis 13. September. Die tägliche Sammelmenge von Blaubeeren, Himbeeren und Brombeeren darf 5 kg nicht überschreiten. Wer gegen die Vorschriften verstößt, muss mit Geldbußen von 100 bis 200 Franken rechnen.